京都大学大学院教授
藤井 聡
Fujii Satoshi

救国のレジリエンス

「列島強靱化」でGDP900兆円の日本が生まれる

講談社

まえがき——レジリエンスとは何か

二〇一一年三月一一日の東日本大震災以後、日本はどうなってしまうのだろう——今、多くの日本人は、こうした漠《ばく》とした不安に苛《さいな》まれているのではないかと思います。

おりしも一九九〇年代以降、日本は長引くデフレ不況のために、人々の所得は下がり続け、失業率もかつてないほどまでに最悪の水準となっていました。頼みの綱であった日本経済の力強さそのものも徐々に衰退していき、ついに、GDP世界第二位の地位を、中国に譲り渡してしまいました。地方では、都市の疲弊《ひへい》は目を覆うばかりの状況で、至る所でシャッター街が見られるようになっています。

生まれる子供の数はどんどん少なくなり、人口そのものが右肩下がりに減少していき、それと同時に、高齢化はどんどん進行し、社会保障費は膨らむ一方となっています。子供が少なくなり、人口も減っていくのに、高齢者が多くなり、日本そのものの活力が根底から失われていくだろう、そしてこれから、日本全体が、坂道を転げ落ちるように、衰退していくだろう――そんな悲観的な気分に充ち満ちていたのが、二一世紀を迎えた我が国日本の悲しい状況でした。

そういう暗い時代の暗い気分を決定的なものとしたのが、東日本大震災、未曾有《みぞう》の天変地異でした。

多くの日本人が、大地震と大津波による夥《おびただ》しい数に上る犠牲者の死を悼《いた》み、かの巨大な地震津波に東北太平洋沿岸域の街々が破壊されていく映像、東北地方の田園があの真っ黒な津波に飲み込まれていく映像、そして、見渡す限りガレキの山と化した街々の映像を目にして、絶望的な気分に苛まれたに違いありません。さらには、日本の技術の粋《すい》を集めたはずの原発は、もろくも地震津波で壊滅し、多くの国民は「経済大国日本」のみでなく「技術立国日本」という誇りをすら、大きく傷つけられた心持ちになったのではないでしょうか。

もちろん、テレビや雑誌を始めとしたメディアの中では、「日本の底力を信じてる！」「日本は、必ず復活する！」という、明るく前向きな言葉があちこちで語られてはいました。

しかし、多くの日本人は、心の奥底では、気づいていたはずです。そうした軽薄とすら言い得るような無根拠な楽観論は、単なる気休めの言葉に過ぎず、わたしたち日本人が直面している真の国難の危機を糊塗《こと》するものに違いないだろう、ということを。そして、実際には、中国にGDP世界第二位の地位を明け渡し、凄《すさ》まじい勢いで高齢化し、避け得ない人口減少に苛まれ、坂道を転げ落ちるように衰退していく日本に、追い打ちをかけるようにして生じたのが、二〇一一年の東日本大震災なのだ、ということを――。

筆者もまた、そんな底知れぬ絶望感を抱いた者の一人でした。

しかし、筆者はそうした絶望感を心の片隅で感じつつも、それを強く思えば思うほど、より強く、それとはまったく逆方向の明るい展望を、感ずるようにもなっていました。

なぜなら、その「亡国への不安」が我が国の一般国民において広まれば広まるほど、「何とかしなければ」という認識が深まり、実際、何とかなっていくという近未来も、あり得るのではないかと感じたからです。

つまり、日本人がみな「三・一一以後、日本はどうなるのだろう――」という不安な気持ちを強く持てば持つほど、「だからこそ、我が国は逆に豊かになるのではないか――」という明るい見通しを抱くようになったのです。

たとえば、日本は、石油ショックの後、世界一のもの凄い「省エネ大国」になりました。阪神・淡路大震災の後、耐震設計は驚くほど進み、耐震技術についてもまた世界一の国になりました。

バブル崩壊の後には、膨大な数の企業が、莫大な借金を背負うことになったにもかかわらず、彼らはもの凄い勢いで借金を返しました。今やもう、それぞれの法人や個人は、借金がないどころか、逆に、預貯金があり余るような状況になっています（これは余談ですが、残念ながらそのせいで日本の経済はデフレになってしまいました。これは、みながよかれと思ってやったことが、結果的に全体としては悪い方向に向かうという、いわゆる合成の誤謬《ごびゅう》や社会的ジレンマというものなのですが、それはさておき、とにかく、「借金を返さなければ」という国民全体の勢いは凄まじかったのです）。

三・一一以降の電力不足の問題にしても（電力不足それ自体が日本経済に深刻な影響を及ぼしているものの）、国民はみな、個人も法人も凄まじい勢いで「節電」に協力した一方、原発以外の電力確保の努力が日々続けられ、結局は、当初のほんの短い期間を除き、計画停電は実施されませんでした。

これらの歴史的事実はみな、「さまざまな外的なショックに対する日本の驚くべき対応力」を意味するものです。

こういう対応力こそが、「レジリエンス（resilience）」と呼ばれるものです。

このレジリエンスという言葉ですが、これは「強靱《きょうじん》さ」ということを意味するもので、言い換えれば、「しなやかさ」ということもできます。

しなやかな、強靱さとは、たとえば、丸太ん棒のような頑丈《がんじょう》さとはまったく異なるものです。太い丸太ん棒は、ある程度の力を加えてもびくともしないのですが、一定以上の力を加えると、ボキッと折れてしまいます。つまり、丸太ん棒は、頑丈ではあるのですが、もろいものでもあるのです。

日本が持つのは、そんな頑丈さではありません。

日本が持ち合わせているのは、たとえば柳の木のようなしなやかな強靱さなのです。

風が吹いていれば、その風に合わせてかたちをしなやかに変える。また別の風が吹けば、それに合わせてまた、そのかたちを変える。しかも、どんなに強い風が吹いても、かたちこそ変わるものの、絶対に折れない――これが、日本が持つしなやかな強靱さであり、レジリエンスなのです。

もう少し詳しく説明しましょう。

レジリエンスとは、次の三つの条件を満たすような性質をいいます。

〈レジリエンスの三条件〉

①致命傷を受けない
②被害を最小化する
③すぐに回復する

たとえば柳の木は、どれだけの力が加えられても、曲がりはするものの、その曲がることによって二度と回復できないほどに折れてしまうのを避けることができます（＝致命傷を受けない）。そして、木の被害は、曲がることによって最小に抑えられています（＝被害を最小化する）。さらに、加えられた力がなくなれば、迅速《じんそく》に元通りになります（＝すぐに回復する）。つまり、柳の木は、レジリエンスの三条件をすべて満たしているのです。

さて、我が国の歴史を振り返れば、我が国はそんなレジリエンスを、他のどんな国よりも、アメリカよりもヨーロッパの国々よりも、中国や韓国やインドといったアジアの国々よりも、しっかりと持っていることが見えてきます。

つまり、どんな外圧があっても、致命傷を避けつつ、その被害を最小化しながら、そしてその被害から驚異的なスピードで回復することを通して、さまざまな外圧に対応し続けてきたのです。

たとえば黒船に象徴される欧米列強がやってくれば、ほんの短い時間のうちに明治維新をやり遂げ、日露戦争でロシアに勝利するほどの近代国家をつくりあげました。そして第二次世界大戦で連合国軍との戦いに敗れ、戦後の世界が戦勝国を中心として形作られれば、瞬《また》く間に高度成長を遂げ、世界中で一握りしかない先進国と呼ばれる国家になりました。

こんなふうにして、欧米列強が植民地政策を繰り広げていた時代に、日本ほど急速な近代化を成し遂げた国は、世界中に一つもありません。

そして第二次大戦後に、敗戦国でありながら、しかも欧米以外の国家で、ここまで短期間に先進国に上り詰めた国家も、世界中に一つもありはしませんでした。

冷静に歴史的事実を読み解けば、日本という国が持つしなやかさは、文字通り、「世界一」と言い得る水準にあることが見えてきます。つまり、欧米列強の競争社会の中で、日本はそれに対し、明治維新というかたちで見事に「しなやか」に対応し、戦後の戦勝国がつくりあげた世界にもまた、経済大国というかたちで見事に「しなやか」に対応したのでした。

だからこそ、筆者は、震災後に悲観的な日本の未来を予測しながらも、こころの中のもう一つの場所で、次のような明るい見通しを感じ始めたのでした。

我が国が持つ世界一のレジリエンス（しなやかさ）は、この大震災という、誰もが絶望的にならざるを得ないような凄まじい衝撃に対してもまた、大きな力を発揮するのかも知れない。しかも、多くの科学者が予言しているように、かつての関東大震災のような巨大地震が東京を襲うことは明白であり、かつ、東海から西日本にかけての太平洋側の諸都市にも、東海地震などの巨大地震と津波が押し寄せることもまた明白である中、この「巨大なる危機」に対しても、我が国は「しなやか」に対応するのではないだろうか——そして、すでに起こった巨大地震の経験と、これから起こるであろう巨大地震に対する危機感が双方あいまって、日本の国のかたち、すなわち、日本という大きな柳の木のかたちが、劇的に変化していくのではないか——。

これが、筆者が今、抱いている、日本の将来に対する暗い見通しとはまた別の、もう一つの「明るい見通し」なのです。

本書では、そんな「明るい見通し」についてお話ししようと思います。

目次◉救国のレジリエンス　「列島強靭化」でＧＤＰ９００兆円の日本が生まれる

第二章　地震静寂期の終焉

第三章　八つの策で強靱化する日本列島

第四章　震災に備えて経済成長

第五章　分散化で豊かになる地方都市

救国のレジリエンス

「列島強靱化」でＧＤＰ９００兆円の日本が生まれる

序　章　震災が育んだこころ豊かな国

「こころ豊か」になる日本

「まえがき」に、柳の木にもたとえられる日本の風土が育《はぐく》んだレジリエンス、すなわち強靱《きょうじん》さが、東日本大震災に沈む我が国を明るい未来に導くのではないか、と述べました。そして、そんな近い将来実現し得る、明るい日本のイメージをよくよく考えてみると、それは何ともこころ豊かなものであるということに気づきました。

それは、次のようなイメージです。

この一世紀半の日本は、黒船に代表される「外国からの強風」に吹かれて、柳の木のかたちを、つまり、国のかたちを変え続けてきました。明治維新にしても、敗戦後の高度成長にしても、そんな外国からの強風がなかったなら、存在し得なかったのです。

もちろん、戦前と戦後では、その風の種類が、軍事的な圧力という風から経済競争的な風へと変質してはいます。しかしその風はすべて外国という一つの方向からやってきた、という事実は共通していたのです。

しかし、今、我々に吹いてきた強風は、巨大地震というまったく別の方向からの暴風です。そうであればこそ、この暴風によって、柳の木はまったく違う方向にしなっていかざるを得ないのです。

三陸地方を中心とした東日本の地域は、これまでに何度も何度も巨大な地震と津波に襲われ、江戸・東京も何度も巨大地震に襲われ、東海地方も東南海・南海地方も定期的に巨大地震に見舞われてきました。それ以外のすべての地域でも、何十年、何百年おきに、必ずといっていいほど、大地震によって壊滅的な被害を受けてきました。だから、我が国の柳の木の本来のかたちは、外国からの強風などよりも巨大地震という暴風のほうになじむものなのです。

むしろ、巨大地震という暴風に吹かれ続けるという歴史風土の中で、我が国は、日本という一つの独特な文化を持つ国になったのです。ですから、巨大地震という暴風にさらされる国のかたちのほうが、外国からの強風というよそよそしい異質なる風に歪《ゆが》められたかたちよりも、圧倒的に本来の日本の姿に近いはずなのです。

だからこそ、外国からの強風によってたわめられた国のかたちは、そもそもの日本の伝統的な文化や暮らしぶりとは、どうしても調和せず、違和感がつきまとっていました。

その一方で、巨大地震という、日本の国ができたとき以来ずっと吹き続けてきた風によって導かれる国のかたちは、そもそもの伝統や日本らしい暮らしぶりになじむものであり、我々日本人にとって、より「しっくり」とくるものであるに違いないのです。

だからこそ、戦後一貫して、あるいは明治維新以後一貫して、我々が手にすることができなかった本当の意味でのこころの豊かさを、この風によって我々は得られることとなるのです。

「災難飢餓」とは何か?

東日本大震災後、こうしたことに思いをめぐらせていた折に、筆者とまったく同じ見解を持っていた人物の存在を知り、たいへん驚きました。

昭和初期の大物理学者であり、随筆家、俳人でもあった、「天災は忘れた頃にやってくる」という言葉で有名な寺田《てらだ》寅彦《とらひこ》です。

寺田は、関東大震災後に、自然災害についてあれこれと考えをまとめた『災難雑考』なる随想文を発表していますが、その中で、たいへん興味深い指摘をしています。非常に示唆《しさ》に富む内容なので、少々長くなるのですが、そのまま引用したいと思います。

〈今後少なくも二千年や三千年は昔からあらゆる災難を根気よく繰り返すものと見てもたいした間違いはないと思われる。少なくもそれが一つの科学的宿命観でありうるわけである。

もしもこのように災難の普遍性恒久性が事実であり天然の方則であるとすると、われわれは「災難の進化論的意義」といったような問題に行き当たらないわけには行かなくなる。平たく言えば、われわれ人間はこうした災難に養いはぐくまれて育って来たものであって、ちょうど野菜や鳥獣魚肉を食って育って来たと同じように災難を食って生き残って来た種族であって、野菜や肉類が無くなれば死滅しなければならないように、災難が無くなったらたちまち「災難飢餓」のために死滅すべき運命におかれているのではないかという変わった心配も起こし得られるのではないか。

古いシナ人の言葉で「艱難《かんなん》汝を玉にす」といったような言い草があったようであるが、これは進化論以前のものである。植物でも少しいじめないと花実をつけないものが多いし、ぞうり虫パラメキウムなどでもあまり天下泰平だと分裂生殖が終息して死滅するが、汽車にでものせて少しゆさぶってやると復活する。このように、虐待は繁盛のホルモン、災難は生命の醸母であるとすれば、地震も結構、台風も歓迎、戦争も悪疫も礼賛に値するのかもしれない。

日本の国土などもこの点では相当恵まれているほうかもしれない。うまいぐあいに世界的に有名なタイフーンのいつも通る道筋に並行して島弧が長く延長しているので、たいていの台風はひっかかるような仕掛けにできている。また大陸塊の縁辺のちぎれの上に乗っかって前には深い海溝を控えているおかげで、地震や火山の多いことはまず世界じゅうの大概の地方にひけは取らないつもりである。その上に、冬のモンスーンは火事をあおり、春の不連続線は山火事をたきつけ、夏の山水美はまさしく雷雨の醸成に適し、秋の野分は稲の花時刈り入れ時をねらって来るようである。日本人を日本人にしたのは実は学校でも文部省でもなくて、神代から今日まで根気よく続けられて来たこの災難教育であったかもしれない〉

（寺田寅彦『災難雑考』より。傍点は引用者）

お分かりいただけましたでしょうか――。

寺田寅彦の見解は、先に述べた筆者の考えと、大きく重なりあっています。

生き延びていくための自然災害

簡単に解説すると、寺田は、次のような主張をしています。

――日本人は、長い歴史の中で地震や台風に苛《さいな》まれ続けてきたのだから、いってみれば、そんな「天災」に育まれてきたようなものだ。だから、天災があるということそれ自体がごく当たり前のことであって、天災がまったくないという状況は、かえって日本人の調子を狂わせることとなるだろう。さらに極言するなら、いろいろな自然災害は、なんと逆説的にも、生き延びていく（！）ために必要なものなのだ――これが、寺田寅彦の主張です。

だから、「地震も結構」であり「台風も歓迎」なのであって、もし、そうした自然災害がなければ、災難飢餓の状態になってしまうほどに、我々日本人は被災することそれ自体を潜在的に必要としている、と、寺田はいうのです。

そうであるとするなら、我々日本人が、この戦後と呼ばれる時代で、いくつかの例外を除いてほとんど巨大な災害に苛まれることがなかったということそれ自体が、近年の日本の衰退、衰弱の、最も本質的な原因だったということができるのかも知れません。

そしてその一方で、三・一一の大震災と、これから迫り来るであろう超巨大地震の危機が、我が日本を亡ぼすどころか、日本がより日本らしくイキイキと繁栄していくための力をもたらすのではないかということが、寺田寅彦の言葉から予期されるのです。

――以上が、三・一一の震災によって日本がどのように変わっていくのかについての抽象的、イメージ的な説明です。つまり、寺田寅彦の言葉を借りていうなら、「大地震」によって初めて育まれてきた我が国は、天災の危機、あるいは天災そのものが降りかかることによって初めて、日本らしく蘇《よみがえ》ることとなる、というわけです。

とはいえ、こうした抽象的な説明だけでは、まだ、ぼんやりとしかご理解いただけない方も多いかもしれません。

ついては、本書では、わたしたちの前に開けている、大きく異なる二つの日本の未来、すなわち、明るい未来と暗い未来のうち、前者の明るい未来のイメージをできるだけ具体的に、分かりやすく描写していくことにしたいと思います。

明るい未来に進み出す日本

そんな明るい未来に進み出す日本では、それぞれの街や地域はどのように変わっていくのか、それに伴って、人々の暮らしはどうなっていくのか、さらには、それぞれの企業はどのように変化し、その集積である日本経済や貿易の姿は、どのように変わっていくのか、そしてさらには、そんな変化は、「豊かな社会」あるいは豊かな暮らしと言い得るような姿になるのか——本書は、日本が、本当に、そんなふうに、レジリエンス（しなやかな強靭さ）の力によって、あらゆるレベルで来るべき巨大震災に対する備えを図ることとなるのなら、その中でどんな姿になっていくかを、客観的な事実分析と歴史的大局観の双方を駆使しつつ、描写してみようとするものです。

——それでは本書を、まずは、この東日本大震災が襲った今、我が国日本が、どんなに恐ろしい状況にあるのかを、冷静に考えるところから始めたいと思います。

なお、筆者は、前著『列島強靱化論　日本復活5カ年計画』(文春新書、二〇一一)の中で、東日本大震災という大きな地震を経験した日本が、さらに恐ろしい地震の危機に直面している、という事実を記載しましたが、大震災から一年余り経過した後《のち》、新しい地震が「どれほど恐ろしいものなのか」という実相も、さまざまな科学者たちによって次々に明らかにされてきています。次の章では、そんな最新のデータも交えながら、日本が直面している恐ろしい危機を、改めて考えてみたいと思います。

第一章　「巨大地震の三連動」で日本は

た。

繰り返し起こってきた西日本大震災

三・一一の東日本大震災は、我が国に国難と言い得るような危機的な状況をもたらしました。

しかし、地震について冷静に科学的に分析してみれば、さらに「西日本大震災」「平成・関東大震災」という二つの超巨大地震が、極めて高い見込みで近い将来に発生するであろう状況に至っていることが見えてきます。すなわち、二〇一一年三月の東日本大震災は、これから我が国に襲いかかるであろう、真の恐怖、真の国難の単なる予兆に過ぎない可能性が非常に高いのです。

それではまず、「西日本大震災」について考えていきましょう。

東日本大震災は、東北の太平洋沖の四五〇キロにも及ぶプレートの断層が一気に破断して生じたものでしたが、実はこれと同様のことが、西日本の太平洋側でも一〇〇年から一五〇年周期で（一〇〇〇年に一度といわれた東日本大震災とは比べものにならないくらい頻繁に）繰り返し起きています。

図表1をご覧ください。

この図に示した伊豆半島から四国沖にかけての実に七〇〇キロにも及ぶ箇所に、巨大なプ

図表１　東海・東南海・南海地震の破断域

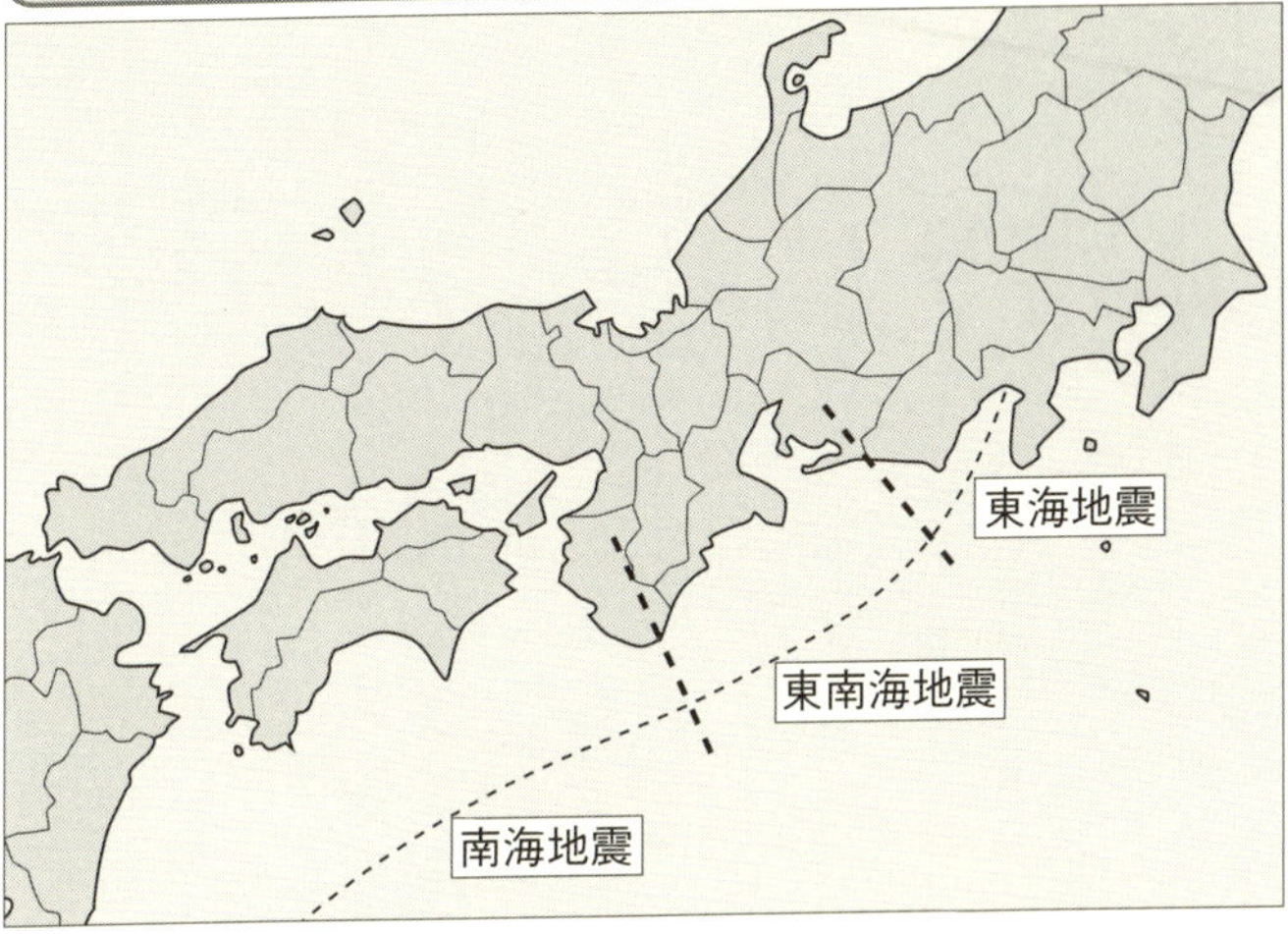

レートの境目があります。このプレート境界が一気に破断するのが、東海・東南海・南海地震であって、その時に我が国にもたらされる震災が、いわば西日本大震災です。
　この地震の被害の大きさですが、これらがみな連動した場合、東日本大震災をはるかに上回る巨大なる被害を、静岡、浜松、豊橋、名古屋、津、和歌山、大阪、神戸、徳島を始めとした、西日本の太平洋側の諸都市にもたらします。これらの諸都市には、巨大な地震の揺れに加えて、東日本大震災によって生じた巨大津波と同様の規模の津波が襲いかかる見込みです。
　たとえば、名古屋においては、三三ページの図表２に示したように、沿岸から一〇キロ程度の名古屋駅の近辺を含む、内陸にまで及ぶ広範な市街に津波が押し寄せる可能性が、東日本大震災後に、改めて名古屋大学大学院の川崎浩司《かわさきこうじ》准教授の計算から示されています。

この津波が名古屋の街を直撃すれば、死者数も、また経済被害も凄《すさ》まじい水準に達することは間違いありません。

同様に、大阪の都市圏においても、莫大《ばくだい》な被害が予想されています。

三五ページの図表3は、河田惠昭《かわだよしあき》関西大学社会安全学部長が、西日本大震災が発生した時に大阪平野に及ぶ津波被害が最悪の場合どの程度になるのかを、東日本大震災の経験も踏まえながら、改めて算定した結果です。

大阪に土地勘のおありの方なら、それがどれだけ驚くべき被害であるかをご理解いただけるのではないかと思います。最悪の場合には、海から一五キロ離れたJR大阪駅周辺が津波によって破壊されるのはもちろんのこと、南は八尾市、北は茨木市、はては枚方《ひらかた》市に至るまで、津波が押し寄せることが予想されます。

ここまで被害が及べば、大阪の都市機能は完全に破壊され、その経済損失も一〇〇兆や二〇〇兆円規模に及ぶこととなるでしょう。死者数も数万、場合によっては、十数万という水準に達することすら十二分に想定内となるでしょう。

ここまで被害が巨大なものとなってしまうのは、東日本大震災のニュース映像で多くの

図表２　西日本大震災時に津波によって浸水する地域（名古屋市）

『東海３連動地震、名古屋中心部も浸水　名大准教授ら調査』asahi.com2011年6月15日より

方々が鮮明に記憶されていることと思いますが、津波というものは平野においてはどこまでも遠く到達し得るものだからです。

ちなみに、ここでは大阪・名古屋という二大都市圏についての津波被害の巨大さを示しましたが、同様の津波は、東海地方、紀伊半島、そして四国の太平洋岸全体に襲いかかると考えられています。しかも、津波だけではなく、地震の揺れによっても、それぞれの都市が激しく破壊されることになります。

これだけの巨大な被害は、合計でどれだけの水準になるのかは、分かりません。

政府の中央防災会議では八一兆円という被害想定額が推計されていますが、この数値は東日本大震災が発生する以前に計算されたもので、津波被害を過小に見積もっている公算が高いものです。

したがって、ここで紹介した大阪や名古屋における津波被害について、東日本大震災後の計算値を用いれば、軽々と一〇〇兆円は超え、二〇〇兆円や三〇〇兆円程度の規模に達することも想定内になるでしょう。

ところで、西日本大震災の被害が東日本大震災の一〇倍もの水準に達してしまうのは、地震の規模や震度が大きいからではありません。それらが襲いかかる都市の規模が、東日本の太平洋岸とは著しく異なるからなのです。大阪や名古屋といった大都会に大津波が押し寄せ

図表3 西日本大震災時に津波によって浸水する地域（大阪平野）

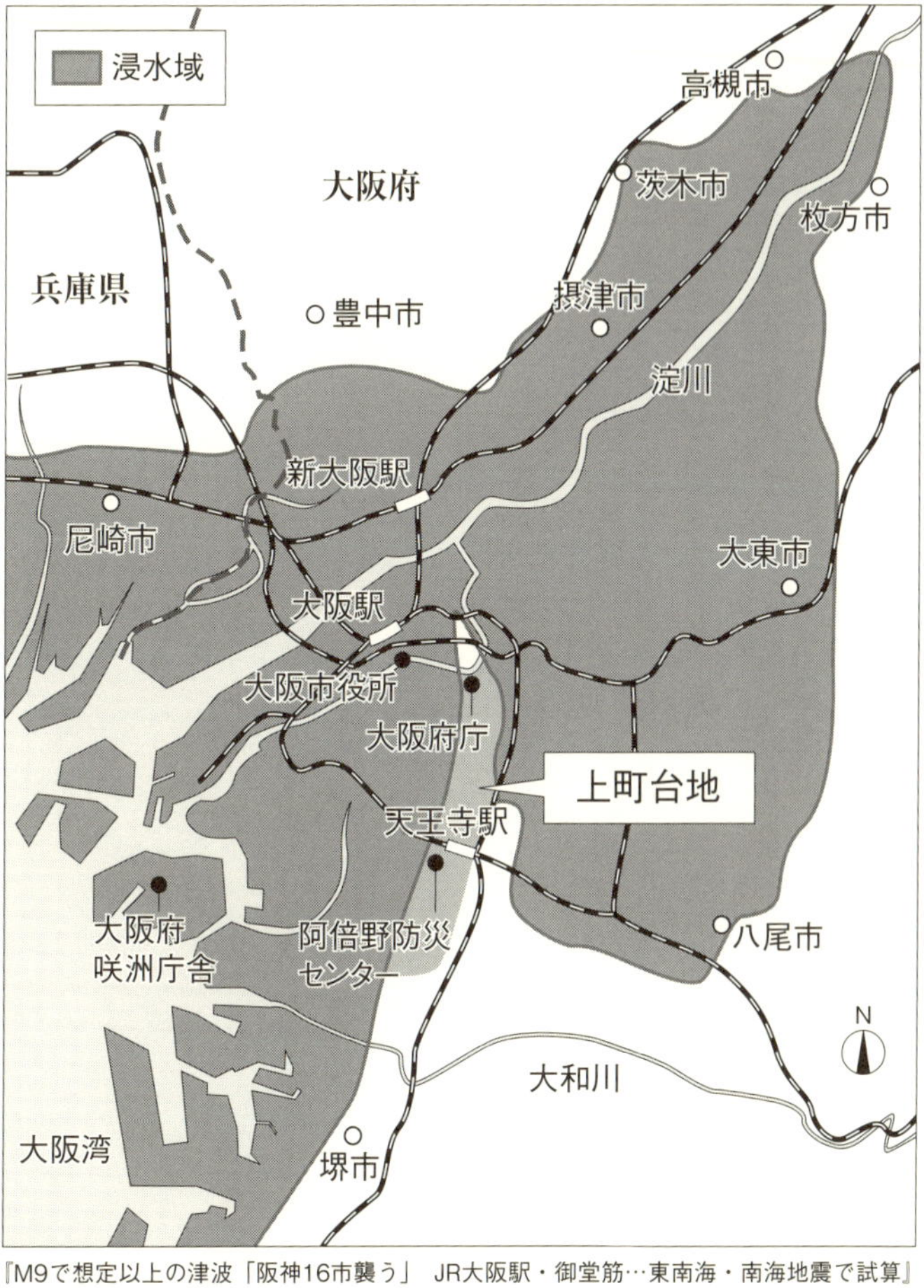

『M9で想定以上の津波「阪神16市襲う」 JR大阪駅・御堂筋…東南海・南海地震で試算』
MSN産経ニュース2011年6月16日より

ることがあれば、その被害は天文学的な水準にまで至ってしまうのです。

すぐ起きてもおかしくない西日本大震災

さて、ここまで激甚なる被害をもたらす西日本大震災でありますが、これは、東海地震、東南海地震、南海地震という地震によって引き起こされるものです。これらの地震は、過去一〇〇〇年の歴史の中で、合計で七回も起こっているのですが、その七回のうち、これら三つの地震が単独に起こったケースは一度もなく、何らかのかたちで、連動しています。だから、次に西日本大震災が生じるときも、それが連動するであろうことは、ほぼ間違いないと予想されます。

そして、この西日本大震災と東日本大震災との連動について調べてみたところ、たいへん興味深い、というか、まったくもって恐ろしい歴史的事実が明らかになっていますので、紹介したいと思います。

まず、政府は今、東海地震、東南海地震、南海地震が三〇年以内に発生する確率は、六〇～八七%と算定しているのですが、この確率はすべて、東日本大震災が生ずる前に算定されたものです。しかし、あれだけの超巨大地震が発生したあと、西日本で生ずる巨大地震の発生確率が跳ね上がっていることは間違いありません。

図表4　過去2000年間に起こった東日本大震災と連動している西日本大震災と関東大震災

東日本大震災		西日本大震災		関東大震災	
貞観地震（M8.3−8.6）869年	→	仁和地震（M8.0−8.3）東海・東南海 887年	18年後	相模・武蔵地震（M7.4）878年	9年後
慶長三陸地震（M8.1）1611年	→	慶長大地震（M7.9−8.0）東海・東南海・南海 1605年	6年前	慶長江戸地震（M6.5）1615年	4年後
明治三陸地震（M8.2−8.5）1896年	→	−	−	明治東京地震（M7.0）1894年	2年前
昭和三陸地震（M8.2−8.5）1933年	→	昭和東南海・南海地震（M7.9−8.0）1944−46年	11年後	関東大震災（M7.9）1923年	10年前

（藤井聡『列島強靱化論』より）

事実、東日本の太平洋沖で発生するM八以上の巨大地震は、図表4に示すように、過去二〇〇〇年の間に四回起こっているのですが、それらのうち、実に三回、すなわち七五％において、最長で一八年以内に西日本大震災が連動しているのです。つまり、貞観《じょうがん》地震の時には一八年後、慶長三陸地震の時には六年前、昭和三陸地震の時には一一年後に、それぞれ西日本大震災が生じています。

この歴史的事実を踏まえるなら、二〇一一年の東日本大震災から、早ければ五〜六年後、遅くても二〇年弱の誤差で、西日本大震災が発生することが、相当程度の確率で見込まれる状況にあることが分かります。

しかも、とりわけ東海地震についていうなら、現在まで、この地域では大地震が一五七年間も起こっていない、という事実を忘れてはなりません。そもそも東海地震は、それまで一〇〇～一五〇年の周期で発生してきたのですが、現在、その一般的な周期を上回る期間、地震が発生していないのです。このことはつまり、今日、明日にでも東海地震が発生したとしても、ぜんぜん不思議ではない、ということを意味しています。そしてその時には、これまでの歴史を踏まえるなら、東南海地震や南海地震を道連れにして生ずるであろうことは、ほぼ確実な状況にあるのです。

恐ろしい話ですが、これは、科学的、歴史的な事実が暗示する、西日本の近未来なのです。

想像を絶する平成・関東大震災

さて、この西日本大震災だけでも、国家の存亡に直結する恐ろしい危機なのですが、これをさらに上回る被害をもたらすであろう超巨大地震が、これもまた、近い未来に発生することはほぼ間違いないといわれています。

平成・関東大震災です。

関東大震災といえば、大正一二年（一九二三年）に当時の帝都東京を直撃した大地震として、誰もが子供の頃、教科書で学んだことがあるのではないかと思います。その被害は凄まじく、東京を中心に、あたり一面がガレキの山と化すほどの破壊力を持ったもので、死者数も一〇万人を超えました。

そんな巨大な被害をもたらしたわけは、地震の大きさもさることながら、東京が、大都市だったからです。

大正末期においても、帝都東京は大都市であったのですが、今やその規模は世界一、当時の比ではありません。現在の首都圏は、人口三六〇〇万人という規模にまで成長しています。そして、その首都圏のGDPは、一七〇兆円という水準に達しています。これは、スペインやブラジル、韓国やインド、あるいは、G7の一員であるカナダをすら、軽く上回るほどの水準の経済圏です。

これだけの超巨大都市を直撃するのが首都直下型地震なのであって、その結果引き起こされる、文字通り想像を絶する未曾有《みぞう》の大震災が平成・関東大震災です。

この関東大震災は、それを引き起こす発生要因が複数ある点が特徴です。

西日本大震災は、ユーラシアプレートとフィリピン海プレートとの境界の破断が唯一の発生要因なのですが、関東大震災には、少なくとも次の五つの地震発生要因があることが知られています。

①北米プレート内の断層の破断
②フィリピン海プレート内の断層の破断
③太平洋プレート内の断層の破断
④フィリピン海プレートと北米プレートとの境界の破断
⑤フィリピン海プレートと太平洋プレートとの境界の破断

少々ややこしくて恐縮ですが、とにかく、東京の地下は、日本列島が乗っかる四つのプレートのうち、実に三つもが複雑に入り組んでいる場所であって、地震が発生するパターンも、多岐にわたっているのです。そして、この①〜⑤を原因とする地震のそれぞれが、常に発生してしまう可能性がある、ということなのです。

だから、東京という街は、地震科学の点から見て、本当に恐ろしい街なのです。

「危ない都市」世界ランキング一位の東京

これだけたくさんの地震発生要因を抱えている都市は、世界中どこを探しても他にありはしません。

たとえば、世界最大の再保険会社ミュンヘン再保険が発表している世界の主要都市の「自

図表５　平成・関東大震災で想定される地震の揺れの強度（フィリピン海プレートと北米プレートとの境界でM7.3の地震が起こったケース）

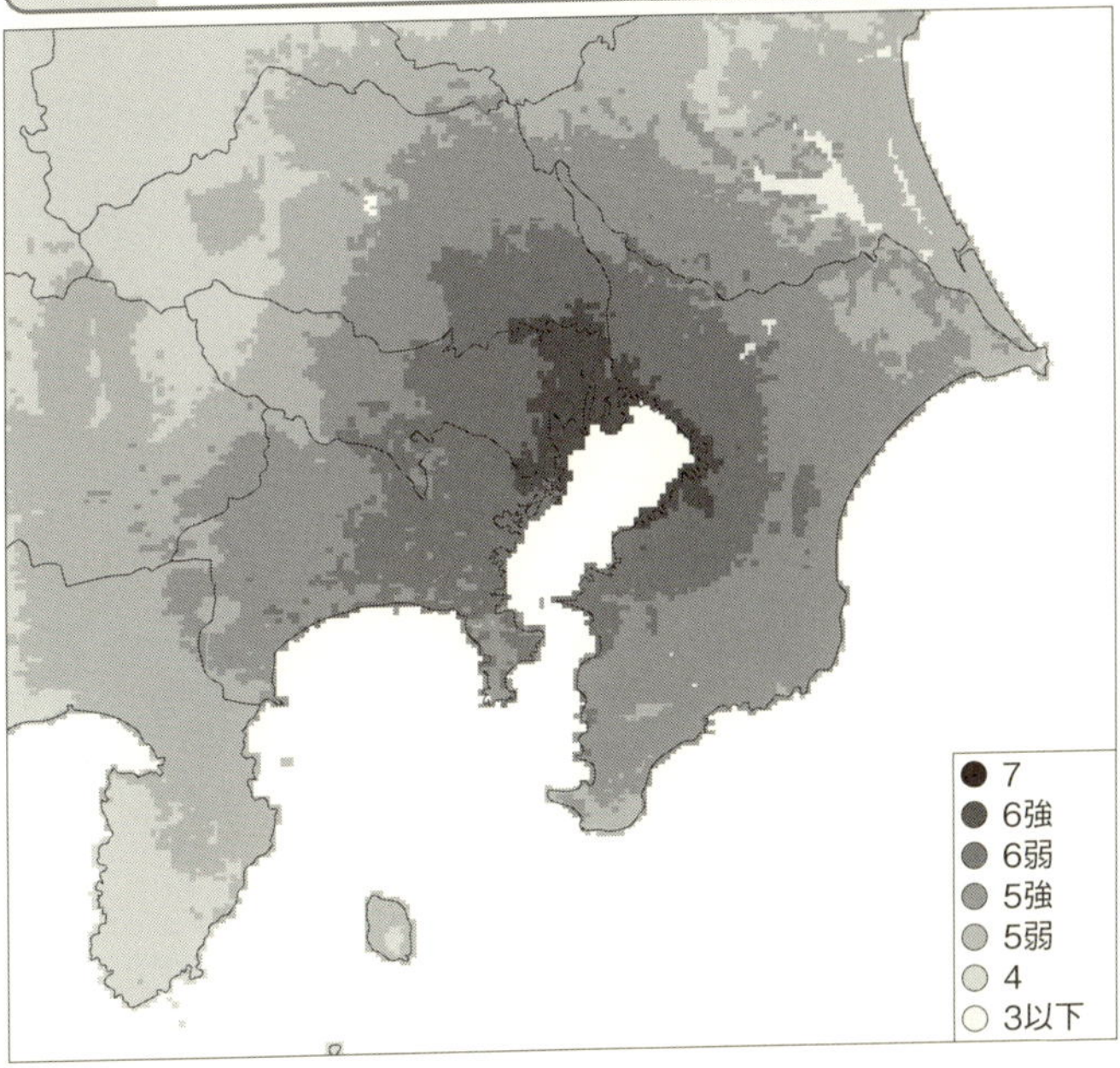

（内閣府ホームページ「首都直下地震対策」より）

然災害リスク・インデックス」（つまり、どれだけその都市が危ないか、という指標）によれば、世界中で最も「危ない都市」として、堂々の（？）一位に東京―横浜がランキングされています。そして、その指標は七一〇ポイントとなっています。このポイントの意味はなかなか分かりづらいところですが、たとえば、二位のサンフランシスコは、たった一六七ポイント、三位のロサンゼルスは一〇〇ポイントとなっていることを踏まえますと、七一〇ポイントの東京が、どれだけアブナイ街であるかがお分かりいただけると思います。

さて、そんな東京で大地震が起こった場合、どうなるのかについては、これまでにさまざまに計算されてきました。図表5（四一ページ）は、そんな計算結果の一つです。

ご覧のように、東京湾沿岸域の広い範囲で、震度六強の極めて大きな揺れが予測されています。そして、震度六弱の揺れが、東京、横浜、千葉といった首都圏の中心部全域を直撃することが予測されています。

これだけ広域に、これだけ大きな揺れが平成・関東大震災として生じれば、木造家屋を中心に、首都圏の至る所で建物が倒壊することになります。その数は、一五万棟とされています（被害が特に大きな所として危惧されているのが、荒川沿いです）。

そしてさらに恐ろしいのは、火事です。

阪神・淡路大震災の折にも、地震で発生した火事によって、広い範囲の建物が焼失したことをご記憶の方も多いのではないかと思います。同様に、この平成・関東大震災でも広い範囲の建物が火事によって焼失することが懸念されているのです。

そしてその規模は、おそらくは大方の想像をはるかに上回る凄まじいものであることが予測されています。地震の揺れによって倒壊する一五万棟の、実に四倍以上の六五万棟もの家屋が、関東の広い範囲にわたって焼失すること、特に、環状六号線、環状七号線沿いに、甚《じん》大《だい》な被害が出ることも予測されています。

これだけの巨大な被害ですから、その被害額も、凄まじい水準になります。

中央防災会議の推計によると一一二兆円と試算されています。

ただし、この推計は、M七・三を前提としたものであって、想定され得る被害額のパターンの一つに過ぎません。したがって、一九二三年の関東大震災と同様にM七・九というさらに大きな地震が発生した場合は、場所によっては、現時点では想定外とされている震度七の地震動が生ずることも、実際には十分に想定内でもあるわけです。その場合には、倒壊する高層ビルが至る所で見られるということも十分に予測されます。そうなれば、被害額は一一二兆円程度には収まらず、三二五兆円程度にまで至ることがあると、政府によって試算されています。

日本国が終焉する危機

首都直下型地震は、このように著《いちじる》しい経済的被害をもたらし、日本の経済に致命傷を与え得るものなのです。

しかし、これだけ恐ろしい経済的被害ですが、それは、首都直下型地震の真の恐ろしさの一面に過ぎません。なぜなら、首都東京は、経済のみでなく政治を含めた日本国家のあらゆる中枢機能を抱えた都市だからです。

そんな危機の一つが、国会や首相官邸、そして、霞が関の中央省庁の倒壊です。

三・一一の東日本大震災では、中央の政府機能はいずれも損害を受けませんでした。だから、被害を受けた被災地を救うためのさまざまな緊急事業を、（その質の高低はさておき）中央政府が中心となって推進することが可能でした。

しかし、国会等が倒壊すれば、そうした中央の政府機能そのものが停止してしまうこととなります。日本国家を一つの生命体と見なすなら、脳髄そのものが損壊することを意味します。そうなれば、国家としてまとまりある行動が一切、取れなくなってしまいます。

さらには、国会や官邸が倒壊し、首相、ならびに有事の際の首相の臨時代理までもが死亡すれば、こうした大震災を救助するために必要不可欠な自衛隊の指揮官が、この世から消え失せてしまいます。

ここまで政府機能が損壊すれば、領土的野心が想定され得るような周辺諸国との国境の緊張は一気に高まり、実際の侵攻というようなかたちを取る可能性すら、ゼロとは言い切れない状態となることでしょう。

そして、それを見通した同盟国は、トモダチ作戦というような形態ではなく、明確な治安維持活動として日本の国土に駐留することとなるでしょう。

まるでSFのような話に聞こえるかもしれませんが、中央政府が、物理的に壊滅するようなことがあれば、そうした最悪の悪夢が現実のものとなることは、すべて想定内の出来事なのです。

そして何より、皇居の倒壊は、古代から連綿と続く日本の歴史の、文字通りの終焉《しゅうえん》を意味するものともなりかねません。

中央政府も極めて重要な存在であることは間違いないですが、それでも「替え」がきくものです。しかし、憲法の第一条にも明記されている日本の象徴には、「替え」などあるはずもありません。ですから、そうした事態は、日本の国家の存続を考える上で最も避けなければならないものなのです。実際、関東大震災の折には、三名もの皇族が亡くなったという史実が残されているのです。

もちろん、こうした事態を、我が国がまったく想定していないのかといえば、そうでもありません。日本国政府は、それなりに、こうした国家的に重要な施設の耐震化を進めていることは間違いありません。

しかし、その対策が十分な水準か否かについては、甚《はなは》だ心許《こころもと》ないところなのです。

たとえば、内閣府は、「各省庁の地震対策（情報システム及びデータ等のバックアップ並びに施設の耐震性）の現況について」という報告書をまとめており、その中には、国会議事堂や議員会館は構造上問題ない、と明記されています。さらに、中央官庁の一三施設のうち一〇施設はすでに耐震対策済みで、二施設は現在、対策検討中と記載されています。

しかし、この時に想定されている地震の揺れの大きさは、震度六強であって、震度七ではありません。次に起こる平成・関東大震災で、震度七が生ずる可能性は十二分に考えられます。だから、現状においては、上記の報告書では想定外の、国会や官庁が倒壊することは、冷静に考えれば、まったくもってあり得る出来事なのです。

つまり、今のままでは、たった一つの地震によって我が国の国家機能が喪失し、挙げ句には、日本国そのものが終焉してしまうという最悪の状況も、十二分に想定され得るところなのです。

一〇年以内に必ず起きる

さて、こうした最悪の悪夢をもたらしかねない平成・関東大震災は、どれくらいの確率で生ずるものなのでしょうか？　万に一つくらいの見込みなのか、それとも、二つに一つくらいの確率でそんな大震災が生ずるのでしょうか――。

残念ながら、歴史的なデータを冷静に見て判断する限り、次のようにいわざるを得ないだろう、と筆者は考えています。

「ほぼ間違いなく、一〇年以内に、生ずるであろう」

先ほど紹介した図表4（三七ページ）を、改めてご覧ください。

この表は、過去二〇〇〇年の間に東日本の太平洋側で生じた四つの巨大地震の前後で、どんな地震が連動したかをまとめたものですが、一番右側には、今日《こんにち》の首都圏の位置で生じた大地震を記載しています。

ご覧のように、東日本の太平洋側で生じた四つの巨大地震のすべて（！）において、一〇年以内の時間差で、首都圏での大地震が連動しているのです。

つまり、少なくとも過去二〇〇〇年の歴史を見る限り、東日本大震災のような巨大地震が東日本側で生じた場合、「一〇〇％」の確率で、関東平野でも、一〇年前後の時間差で大地震が発生していたのです。

そう考えれば、二〇一一年の東日本大震災後にも、首都圏で大地震が連動して発生する確率は極めて高いといわざるを得ないのです。

しかも、関東平野で生じた直近の大地震は、関東大震災（一九二三年）なのですが、その前にこの地域に起きた大地震は、その関東大震災からわずか約三〇年前のこと（一八九四年）でした。さらに遡《さかのぼ》ると、それから約四〇年前（一八五五年）、そしてさらにその約四〇年前（一八一二年）にも、それぞれ関東平野で地震が発生しているのが、歴史的事実です。

つまり、関東平野という土地は、おおよそ三〇～四〇年ごとに、大地震に苛《さいな》まれ続けてきた土地なのです。

それにもかかわらず、幸か不幸か、この地震の頻発地である関東平野で、関東大震災以後、実に九〇年近くも大地震が発生していないのです。これはすなわち、九〇年間も地震のエネルギーが解放されずに、関東平野の下で蓄積され続けていることを意味しています。この点を考えるだけでも、いつ何時、本当に「メチャクチャでかい平成・関東大震災」が生じても不思議ではない状況にあるのです。

そして、そんなアブナイ状況下で、あろうことか、一〇年以内に関東平野での大震災を必ず併発させてきた東日本太平洋側での大地震が発生してしまったのが、今日の状況なのです。

こうした諸状況を勘案すれば、常識的な判断力のある方なら誰もが、「これは相当ヤバイ――一〇年以内に大地震が首都圏で起こるのは、ほぼ間違いないだろう――」と、冷静に判断する他ない状況に、今の東京は、置かれているわけです。

巨大地震の三連動と富士山噴火

いずれにしても、今、私たちは、東日本大震災と西日本大震災、そして、平成・関東大震災という三つの巨大地震が連動して生ずるであろう時代のまっただ中に、生きているのです。

こんな巨大地震の連発などは、まったくもって想定外のことだとお感じの方は、多かろうと思います。

もしそうであったとしても、それはそれで致し方のないことと思います。

なぜなら、すでに指摘したように、先の大戦が終わった翌年の一九四六年に昭和南海地震というM八クラスの巨大地震が起こって以来、一九九五年の阪神・淡路大震災までの約半世紀間、日本は、一〇〇〇人を超す死者を出すような巨大地震が生じない地震静寂期に突入していたからです。

だから、その頃に生まれ育った方々にしてみれば、巨大地震の発生は例外中の例外というような存在であって、まさかそれが三連動するようなことなんてないだろう、と感じたとしても仕方のないところだと思います。

しかし、歴史的には、この巨大地震の三連動は、繰り返されているのです。

改めて図表４（三七ページ）を見るとお分かりいただけると思いますが、巨大地震の三連動は、この二〇〇〇年の歴史の中で、実に三回も、起こっています。貞観地震が生じた九世紀後半、江戸幕府が開かれた一七世紀初頭、そして、かの関東大震災が発生した二〇世紀前半です。しかも、このうち貞観地震は、貞観噴火という、富士山の大噴火とも連動していています。この貞観噴火は、青木ヶ原樹海ができた噴火として有名な大噴火です。

つまり、巨大な地震が連発すれば、富士山の大噴火を併発し、周辺地域、ひいては関東・東海地方全体に、地震とはまったく異なる激甚な被害をもたらすことも、十二分に想定内の出来事となるのです。

このように考えれば、三・一一の東日本大震災が生じてしまった今、好むと好まざるとにかかわらず、我々は、この巨大地震の三連動を覚悟すべきであるといわざるを得ないのであり、場合によっては富士山の大噴火にも見舞われてしまう可能性すら考えられる状況にあるのです。

つまり、このまま特段の対策を行わなければ、東京、大阪、名古屋の日本の三大都市圏のすべてが、早ければ一〇年以内、遅くとも二〇年以内に、文字通り壊滅し、場合によっては中央政府機能を喪失し、日本の歴史そのものが終焉することになる、という最悪の悪夢が十二分に想定されるのです。仮に、三大都市圏の壊滅が辛うじて避けられたとしても、二〇〇兆～三〇〇兆円程度の、日本そのものを貧困国に一気におとしめ得るほどの深刻な経済損失を被りかねない状態なのです。

何とも恐ろしい話なのですが、残念ながら、我々平成の日本人はたまたま、そういう時代に生まれ落ちてしまったのです。

では、この恐ろしい、東日本大震災を皮切りとした巨大地震の三連動は、日本を、どのような国に変えていくのでしょうか？

我が国を破壊するだけ破壊し尽くし、国を亡ぼしさることになるのでしょうか？　それとも、特有のレジリエンス、つまり、しなやかさが発揮され、我が国はこの巨大地震を乗り越えるような、より強靱《きょうじん》な国へと生まれ変わることとなるのでしょうか？

明るい展望が開けるのか、それとも絶望的な未来が待ち受けているのか——この問題を考えるためには、今しばらく、わたしたちの国日本がどんな歴史の中で、どんな国になってきたのかを、振り返ってみることが必要となります。

第二章　地震静寂期の終焉

日本を襲った三つの大変化

わたしたち日本人は、第二次世界大戦の敗戦以後の時代を、長い間「戦後期」、あるいは、簡便に「戦後」と言い続けてきました。敗戦から七〇年近くもの時間が経過した今もまだ、戦後という言葉が使われています。七〇年近くといえば、人間の年齢にすれば立派な高齢者です。敗戦直後に生まれた人間が、高齢者になるような時代になっても未だに、戦後と言い続けることに、多くの日本人は、違和感を覚えていることだろうと思います。

とりわけ「戦争」の匂いがそこら中にただよっていた昭和三〇年代、あるいは、昭和四〇年代前半に生まれた方々なら、「今は、あの戦争が終わった後の時代なんだなぁ」というイメージを小さい頃に持っていたのではないかと思います。

しかし、それ以降に生まれた世代の方々には、戦後といわれても、その「戦」という字が意味するものが何なのかを具体的にイメージすることがそもそも不可能なのですから、戦後といったって、なんだかしっくりこないのではないかと思います。

それでもなお、多くの日本人は戦後という言葉を捨てきれずに、ずるずると引きずり続けてきました。

もちろん、その間、日本には激烈な変化が訪れ続けていました。

その代表的なものは、一九八九年のベルリンの壁崩壊に象徴される、一九九〇年代前半の、東西冷戦の終焉《しゅうえん》です。

それまで日本は、アメリカの核の傘に守られつつ、軍事的外交のすべてを、アメリカにいわば任せきりにしていたわけですが、冷戦終焉後は、自らの身の安全を、アメリカに頼り切りでは守れなくなってしまいました。

それにもかかわらず、安全保障の問題はタブーの一つにされ続けてきました。つまり、安全保障を巡る言論空間は、未だ戦後と呼ばれる空間の中にすっぽりと覆われているわけです。

そしてもう一つの激烈な変化がバブル崩壊です。

日本は終戦直後の焼け野原から、奇蹟《きせき》とさえいわれた高度成長を遂げました。そんな高度成長は、さまざまな工場など供給施設の生産性の向上によってもたらされました。

しかし、一九九〇年代前半のバブル崩壊以後、日本経済はデフレ基調になり、一九九〇年代中盤から本格的なデフレに突入しました。デフレとは、つまり生産性の過剰によってもたらされるものですから、今や生産性の向上を目指す必要はなくなっているわけです。それどころか、生産性の向上は、デフレを深刻化させるものでもありますから、今は生産性の向上を控えるべき時でもあるわけです。

それにもかかわらず、日本はひたすら生産性の向上に突き進んでしまいました。おそらくは、圧倒的なモノ不足に悩まされた戦後の記憶を引きずり、時代の変化に気づかず、日本全体で「不況の時だからこそ、生産性の向上だ！」と、構造改革、規制緩和、民営化、そして今日では、事業仕分けを進め続けてきたわけです。

しかし、そうやって政府や企業・工場がどんどん効率化され、合理化され、生産性が向上すればするほどに、供給の過剰が顕著となり、デフレはますます深刻化してしまっているわけです。

そして三つ目の大きな変化が「地震静寂期の終焉」です。

第一章でも触れましたが、偶然にも、敗戦直後の一九四六年に昭和南海地震が起きてから、一九九五年に阪神・淡路大震災が起こるまでの半世紀の間、日本は、大きな地震が少ない地震静寂期だったのです。

その間、日本人は、日本が地震大国であることを忘れ、生産性の向上を求める潮流ともあいまって、平時の効率性ばかりを追求してしまうこととなりました。

その結果、まさかの大地震に対する備えを忘れ、地震の時にこそ必要となるようなさまざまな備蓄や余裕や避難路を、ことごとく無駄と決めつけて、カットし続けてきました。

ところが、阪神・淡路大震災を境に、科学的に見れば地震静寂期は終わり、地震活動期に突入していたのです。

しかし日本はそんな足下の巨大な変化に気づかずに、一九九五年以降もひたすらに平時の効率性の追求を続けてしまいました。挙げ句には、防災対策のためのさまざまな支出も、民主党政権下で事業仕分けの対象となり、地震大国日本の地震に対する備えは、ますます脆弱《ぜいじゃく》なものとなっていったのでした。

このように、時代はすでに二〇年近くも前に、安全保障の点からも、経済成長の点からも、そして、地震対策の点からも、終戦直後とはまるで異なるものに変質してしまっていたわけです。

しかし、日本の体制（レジーム）は、そんな時代の本質的な変化にまったく対応できずにいたのでした。これこそ、大多数の国民が違和感を持ちつつも、未だに、我々の時代を戦後と呼び続けてきた本質的な理由ではないかと思います。

東西冷戦と地震静寂期がつくる温室の中で

そんなふうにして戦後レジームが続いてきた背景を考えるにあたっては、やはり、「平和ぼけ」という言葉を抜きにはできないのではないかと思います。

おそらく日本人の多くは、「昨日と同じように今日がきて、明日もまた今日と同じようなことが続くだろう」と何の根拠もなく、考え続けてきたのではないでしょうか。

そんなぼんやりとした淡い期待は、大きな戦争があったり、三大都市圏を中心としたすべての地域に巨大な地震や津波が襲いかかったりすれば、瞬《また》く間に吹き飛んでしまうに違いありません。

しかし、戦後日本は、一度も大きな戦争を体験したわけではありません。そして、阪神・淡路大震災を例外として、戦後日本には巨大地震が起こってなかったわけです。

つまり、東西冷戦構造と地震静寂期がそれぞれ形作る温室の中でぬくぬくと生きてきた日本人の精神そのものが平和ぼけなのであり、その精神の下、形作られた日本社会の体制が戦後レジームと呼ばれるものだったわけです。

こころ貧しいものへと変質した日本人の住処

さて、こんな平和ぼけな戦後レジームですが、それが有事の時に機能しないだけであって、平時の時には、すこぶる心地の良いものであるなら、百歩譲ってまったく無意味とはいえないのかもしれません。

しかし残念ながら、戦後レジームに基づいて作り上げられた戦後空間は、平時においてすら何とも「心地悪いもの」であり、むしろこころ貧しいものに過ぎないのでした。

たとえば、余暇という言葉がありますが、これは、「余った時間」を意味します。そんな時間があれば、趣味を楽しむこともできますし、家族や友人とゆっくりと過ごすこともできます。だから豊かな暮らしの中で、余暇はとても大切な役割を担うのですが、効率性や生産性の向上を追い求める戦後レジームの中では、それは単なる無駄ということになってしまいます。

しかも近年では、深刻化するデフレ不況のために所得は下がり続け、その穴を埋めるために、多くの国民は余暇を削って懸命に働くようになってしまいました。たとえば、昨今の家庭では専業主婦の数が大きく減少してきていますが、この流れは、基本的な価値観の変化に加えて、デフレによる所得の低下のために、夫一人の所得では一家を養えなくなってしまったことが、本質的な原因です。文字通り、暇を持つ主婦という意味の有閑《ゆうかん》マダムという存在は、デフレのせいで、どんどんいなくなってしまったわけです。

とはいえ、まだ仕事があるうちはいい、といえるでしょう。むしろ問題は、失業してしまった人々の暮らしです。

戦後レジームにおける生産性の向上の牙《きば》は、あらゆる職場で効率化を迫り、多くの職場で徹底的なリストラが敢行されることになりました。その結果、日本の失業率は、急激に上昇してしまいました。こうして解雇された人々は、貧しい暮らしを余儀なくされていったのです。

あるいは、企業レベルで考えれば、生産性の向上の風潮はあらゆる市場で過剰な競争をもたらし、各企業は徹底的な無駄の削減を迫られることとなりました。上記のリストラを含めた人件費削減もそうですが、慰安旅行も社内運動会もすべて無駄なものとしてカットされてしまいました。こうして、職場から潤《うるお》いが失われ、ギスギスとしたこころ貧しいものへと変質していったのです。

さらにいうと、生産性が高い地域といえば、東京を始めとした大都会です。一方で、それ以外の地方や田舎は、生産性は高くはありません。そもそも、田舎は生産だけをするためにつくられた「工場」なのではなく、生産をしつつ、お互い助け合いながら暮らしていくために形作られてきた空間なのですから、当然といえば当然です。

一方で、大都会は、さまざまな企業が経済的な活動（つまり生産）を行うために集積してできあがった土地ですから、必然的に、生産性を向上させるためにさまざまなものが効率的につくられていきました。そんな効率化は衣食住を含めたすべての面において進行し、田舎よりも都会のほうが、圧倒的に効率的なものとなっていきました。

そしてそれと並行して、都会ではこころ貧しい暮らしを強《し》いられるようになっていったのです。

図表6　博報堂生活総合研究所「全国47都道府県『スケール・ジャパン』調査結果“現在住んでいる地域への満足度”について」の結果

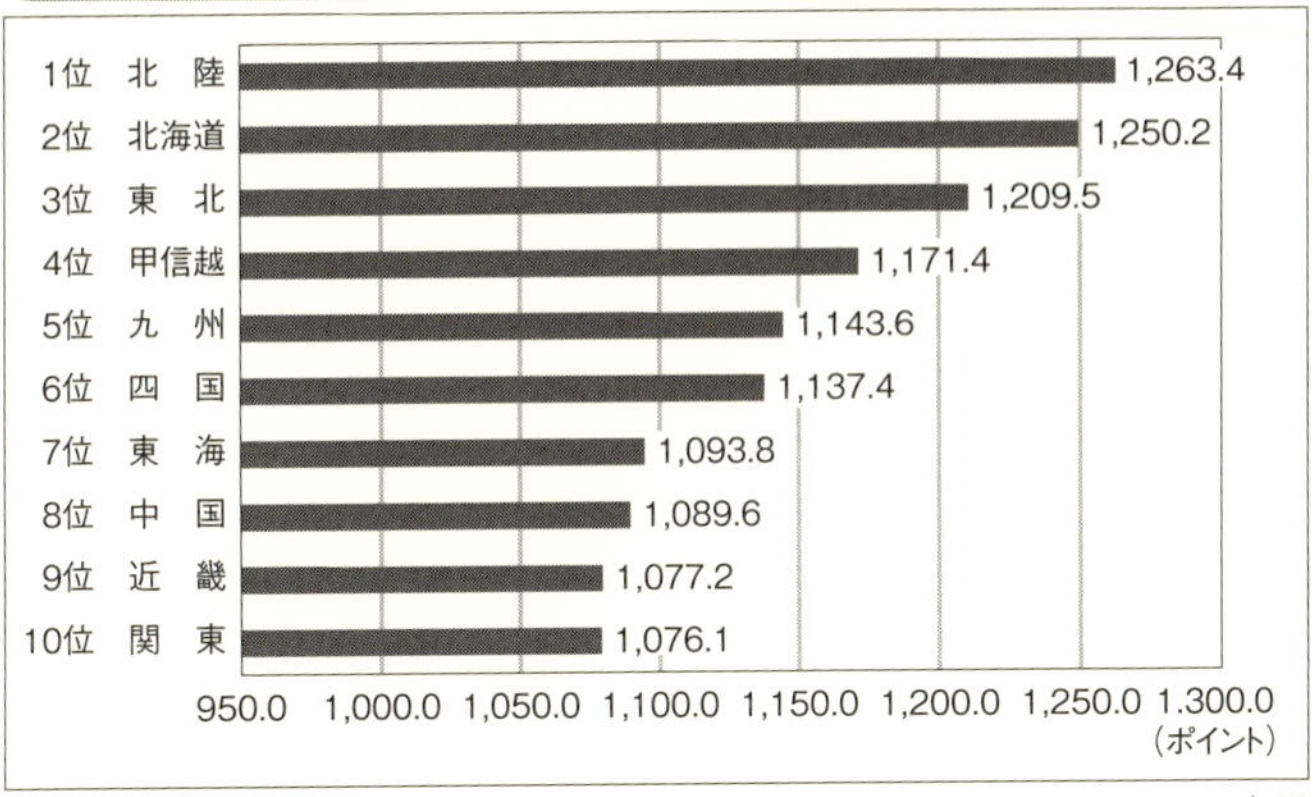

注）全国47都道府県の20～59歳の男女6,000人を対象にした「スケール・ジャパン」調査のうち、“現在住んでいる地域への満足度”に関する調査結果を集計したもの。調査は2009年8月21～23日に実施された。

自然とのふれあいも少なく、隣近所のコミュニティも希薄で、効率的な移動を保証する満員電車の中でのいわゆる通勤地獄を堪え忍ばなければならないのは、すべて都会であって、田舎ではない。そしてそんな都会は、この戦後空間の中で、日に日に拡大し、田舎は全国で縮小し、地域によっては限界を超えて消滅していきました。

すなわち、日本人の住処《すみか》そのものが、「こころ豊かなもの」から「こころ貧しいもの」へと変質していったのです。

実際、博報堂生活総合研究所が行った「現在住んでいる地域への満足度」（図表6）についてのアンケート調査では、みなが最も満足した暮らしをしている地域となったのは北陸であり、次いで、北海道、東北という結果が出ています。そして、日本で一番都市化が進行している関東は最下位、関東に次いで都市化が進行している近畿は、下から二番目という結果となったのです。

このようにして、仕事においても暮らしにおいても、平和ぼけと表裏一体に形作られてきた「戦後空間」の中で、日本人のこころは、どんどんどんどん貧しくなっていったのです。

ここで、先に引用した寺田寅彦の言葉を借りるなら、平和ぼけとは「災難飢餓」の状態を意味するものということができるでしょう。

そして、伝統的に「災難教育」によって育《はぐく》まれてきた日本の国家そのものが、その飢餓の状態の中で栄養失調になっていくように衰弱し、そして「こころ貧しい国」になっていったのだ、ということができるでしょう。

団塊の世代の平和ぼけで日本は

しかも、本当に不幸なことなのですが、ここまで「こころ貧しく」なり、さらには実際の収入の点からも貧しくなってしまったのに、日本人は、それを危機とは捉えずここまでやってきてしまったのです。

もちろん、経済的な貧窮の進展に伴って格差社会は拡《ひろ》がってしまい、さらには、国民所得の低下に伴って自殺者数は年間一万人という規模で急増（約二万人↓約三万人）しました。

しかし、日本の経済力はそれでも世界で最高水準にあり、治安も世界に類例を見ないほど良いのが実情です。社会保障制度も世界の中で最も良質な水準にあります。したがって、失業したとしても、諸外国では得られないほどの保障を受けることができたのです。

だから、日本国民は、この「こころ貧しい時代」の到来に対して、ほとんど何の危機感も抱かずに、「それはそれでしょうがないことだ」と受け入れつつ、特段に何か大きなアクションを起こそうとすることもなく、今日までやってきてしまったのです。

そして、戦後の地震静寂期と東西冷戦構造の中で培《つちか》われてきた平和ぼけの精神構造は、冷戦が終焉しようと、バブルが崩壊しようと、阪神・淡路大震災が起ころうと、そしてリーマンショックが来ようとも、いつまでも保持されてきてしまったのです。

しかし、平成も二〇年代に入り始めた頃から、徐々にその平和ぼけが、いくら何でも続けられないいんじゃないか――という気分が、ようやく我が国の一般的な庶民の中にも共有され始めてきたように思います。

そもそも、冷戦構造の中で平和ぼけを培ったのは、戦後の世代です。

いわゆる団塊の世代を代表とする戦後世代は、戦争を知らずに生まれ、物心がついた頃には世の中は高度成長期のまっただ中で、景気が良く、いわば何をやっても成功するような世代でした。つまり彼らは、彼ら一人一人の能力の高低とはほぼ無関係に、誰もが若いうちに成功体験を積み重ねることが可能だったのです。

しかも彼らは、安全保障の問題についてはすべてアメリカに任せきりで、かつ、巨大な地震に苛《さいな》まれることもなく、長らく平和な時代を生きることができたのです。

さらにいえば、彼らの上司、そして日本全体の舵《かじ》取りを行う政治家はみな、戦前戦中世代でした。だから、あらゆる危機管理の問題を、戦争を戦い抜いた、肝《きも》の据わった戦前戦中世代の大人たちに任せっきりにすることもできたわけです。そんな調子で、彼らは、大地震なんてほとんど起きない地震静寂期の中で、アメリカや戦前戦中世代の人々にお膳立てしてもらった平和な空間の中で、ひたすら自らの成功体験を繰り返しさえすれば良かったのです。

つまり、彼らこそが平和ぼけ日本を象徴する世代であり、平和ぼけ構造戦後レジームというものは、彼らの精神構造の別称とすらいうことができるものなのです。

彼らは、そんな平和ぼけの精神を日に日に深化させせながらどんどん成長し、四〇代、五〇代という年齢に達し、社会の中心で活躍し始めたのが一九九〇年代でした。そこで時代は、バブル崩壊からデフレ不況へ転換していったのですが、彼らはその時にはすでに経営陣や為政者の中枢に鎮座《ちんざ》していたので、デフレ不況による被害の直撃を受けずにすんだのです。そんな不況の荒波はすべて、当時の二〇代、三〇代の若い世代を直撃したのであって、彼らは、その被害を最小化しつつやり過ごすことができたのでした。

だから、かのバブル崩壊ですら、彼らの世代全体を覆っていた平和ぼけを覚ますことはできなかったのだということができるでしょう。

その代わりに、何とも恐るべきことに、彼らは平和ぼけの幼稚な精神構造を携《たずさ》えたまま、バブル崩壊やデフレ不況、はては、東西冷戦構造の崩壊、地震活動期という、これまで一度も経験したことがないような危機的な状況の舵取りをすることとなったのです。

そして、最近では、一〇〇年に一度の世界恐慌といわれたリーマンショックや、一〇〇〇年に一度といわれた東日本大震災に遭遇し、これに対してもまた、舵取りする立場に鎮座しているのです。

しかし、「何をやっても成功する」ような高度成長からバブルに至る時代に、頭のてっぺんから足の先まで甘やかされ続けた彼ら（の多く）が、そんな危機に対処する能力を持ち合わせているはずもありませんでした。

その結果、バブル崩壊に伴うデフレ不況から脱出するために必要な経済政策をまったく立てられずに、ただただ戦後レジームで培われた生産性の向上・効率化の路線の構造改革や事業仕分けをヒステリックに推し進め、デフレ脱却どころか、ますますその症状を悪化させていくこととなったのです。

領土問題でいえば、二〇一〇年九月、尖閣《せんかく》諸島沖の領海を侵犯した中国漁船の船長を逮捕しながら、中国の圧力に負けるかたちで処分保留のまま釈放するという、諸外国の中央政府であるなら想像もつかないほどの、幼稚な対応をやってのけてしまいました。

そして、二〇一一年三月の東日本大震災にしても、中央政府はさまざまな会議を立ち上げるばかりで、大規模な補正予算の執行も、復旧、復興に向けた迅速な対策も打つことがまったくできないまま、半年以上もの時間が経過してしまうという、異常な事態が生じてしまいました。

つまり、団塊の世代に象徴される戦後世代の人々は、平和ぼけの精神のまま、日本の国の中枢の至る所に居座ってしまい、次々と襲いかかる危機に対してただただあたふたとするばかりで、結局日本はますます危機的な状況の中に没入していくこととなったのです。

ポスト平和ぼけ世代の登場

ところが、まさにこうした平和ぼけ世代の人々の愚行が日本国中で展開されたことで、平和ぼけそのものを経験したことがないような世代が現れたのです。

一九七〇年前後生まれ以降の、現在四〇代以下の世代です。

この世代は、就職する前後までの時代においてバブル景気を体験したことはあったとしても、社会人としてバリバリと働くようになった後は、ただひたすらデフレ不況を生きなければばならない世代でした。つまり、社会人としては経済成長を一度も経験していない世代なのです。

彼らは、就職してからいきなり、至る所でリストラが横行し、会社そのものが吸収合併されたり倒産したりする危機を常に意識しながら仕事をしなければならなくなってしまいました。さらには、バブル期までとは違い、国立大学や有名私立大学を出さえすれば好きなところに就職できるというような状況などは想像もできないくらい、就職一つでも大変な苦労をしなければならない世代となったのです。

こんな時代に成長してきた世代ですから、一つ前の平和ぼけ世代と違って、経済状況が厳しい中でも、何とか生き残るためにはどうすれば良いか、という問いを立てながら、生きていかざるを得なくなりました。そして、倒産やリストラといったリアルな危機を前提としながら、人生設計を考える世代となったのです。

つまり、現在の二〇代、三〇代から四〇代までの世代の精神構造は、その一つ前の世代の平和ぼけの精神構造からは、好むと好まざるとにかかわらず大きく乖離《かいり》したものとなったのです。

彼らは、平和ぼけ世代のメチャクチャな振る舞いによって、日本がメチャクチャにされ、ますます貧しい社会になってしまったものだから、（何ともありがたいことに！）平和ぼけを続けられなくなってしまった世代なのです。

さて、この現在四〇代以下の世代は、平和ぼけ世代とは異なり、いわゆる戦後レジームの中で共有されてきたあらゆる思い込みの一つ一つを、客観的なデータや冷静な論理によって破壊し始めます。

たとえば、読者の皆さんも容易に入手できる出版物でいうなら、

『TPPが日本を壊す』（廣宮孝信《ひろみやよしのぶ》氏、一九七五年生まれ）
『日本は世界5位の農業大国』（浅川芳裕《あさかわよしひろ》氏、一九七四年生まれ）
『国力論』（中野《なかの》剛志《たけし》氏、一九七一年生まれ）
『デフレ時代の富国論』（三橋貴明《みつはしたかあき》氏、一九六九年生まれ）
『「日本ダメ論」のウソ』（上念司《じょうねんつかさ》氏、一九六九年生まれ）
『日本は世界4位の海洋大国』（山田《やまだ》吉彦《よしひこ》氏、一九六二年生まれ）（以上、著者の年齢順）

などが出版されていますが、これらはいずれも、戦後レジームの中で作り上げられ、大手メディア等で日々繰り返し強化され続けた平和ぼけ世代のイメージの数々を破壊するものでした。そして興味深いことに、彼らはほぼ、一九七〇年前後生まれの、現在四〇代以下の世代です。

たとえば廣宮氏は、「これからは、外に打って出て稼がなければ」と勇ましく言い放つ

「平成の開国」ＴＰＰには何の大義もなく、むしろＴＰＰによって日本が破壊されてしまうのであり、ＴＰＰには絶対反対すべきであると主張し、浅川氏は、日本の農業は極めて弱小なのだという戦後レジームの中で信じられてきた共通認識に異を唱え、日本は農業大国であることを、そして、日本の農業のさらなる成長の重要性を主張しています。

中野氏は、「これからはグローバリゼーションの時代なのだ、世界に国を開かなければ日本の未来はないのだ」、というような平和ぼけ世代の典型的な論調に真っ向から刃向かい、日本の国力をつけていくことが、経済政策のあるべき姿なのであり、その中心に国民意識（ナショナリズム）を醸成することこそが鍵となるという、ナショナリズムを否定し続けてきた戦後レジームに直接的に否を唱えています。

そして三橋氏は、少子高齢化の時代には経済成長なんてもうできない、という平和ぼけ世代の思い込みをさまざまなデータと的確な論理によって破壊する一方、平和ぼけ世代には提言し得ない、日本の成長戦略である富国論を展開しています。そして、上念氏は「日本はダメな国なんだから、まずは欧米に追いつかないといけないし、最近は中国や韓国にも負けそうだ」という平和ぼけ世代が信じ込んでいる思い込みを、さまざまな角度から破壊しています。

さらに山田氏は、戦後空間の中でほとんど論じられてこなかった海洋資源の可能性を論じ、メタンハイドレード等の海洋資源開発に大規模な投資を行うことで、日本を再生し、日本の国力を大幅に増進することができるに違いないと力強く主張しています。

あるいは、上記の中野氏が編集した『成長なき時代の「国家」を構想する――経済政策のオルタナティヴ・ヴィジョン――』という書籍は、その副題が示すように、これまで戦後レジームで共有されてきたさまざまなヴィジョンとはまったく異なる代替的（オルタナティヴ）なヴィジョンを、さまざまな論点から議論するものなのですが、そこに寄稿している数々の論者（柴山桂太《しばやまけいた》氏、施光恒《せてるひさ》氏、久米功一《くめこういち》氏など）もまた、同世代です。

平和ぼけから覚醒しつつある日本

このように、現在四〇代以下の世代は、大手新聞や大手メディアで日々繰り返されているさまざまな論調、場合によっては教科書や法律に書かれている考え方と乖離するような異質なる論理やヴィジョン、構想、考え方を論じ始めています。

それもこれもみな、この世代は平和ぼけ世代が享受してきた「おいしい目」をほとんど見ることなく、自らの足で情報を得て、自らの目で見極め、自らの頭で考えなければ、いつリストラされたり倒産してしまうか分からないような「危機」に直面し続けてきた世代だからだといえるでしょう。

もちろん、若い世代でも深い平和ぼけの中で昏睡を続けている人もいれば、より上の世代の中ですでに平和ぼけからとっくに覚醒している人もいることは間違いありません。それでもなお、そんな世代の違いが、すべての業界、すべての会社、すべての組織の中で明確化しているということを、筆者はよく見聞きしますし、読者も同じような体験をお持ちなのではないかと思います。

二一世紀のデフレ時代の今、右肩上がりの記憶しか持たぬ平和ぼけ世代の人々は、たとえば「景気さえ良ければ――」とか「アメリカさえ安全を保障してくれれば――」といった、今さらいっても何の意味もないようなことを夢想しながら、それを前提として、役に立たない戦略を立て続け、自らの権限を駆使してそれらを実行し、そして愚かにも失敗し続けているのです（その結果が、今日の深刻なデフレ不況であり、一向に進まない震災復興です）。

そういう状況下で、そうした上司や経営者を見続けてきた現在四〇代以下の世代はみな、「このまま、この人たちに任せていてはヤバイ」と直感的に感じ続けてきました。だから、あらゆる現場で、ポスト平和ぼけ世代の人々は、大手メディアの論調、あるいは上の世代の論調を無視しながら、自らの頭で物事を考え始めざるを得なくなったのです。

つまり、日本が危うくなれば危うくなるほどに、上の世代や大手メディアの論調に惑わされずに「自分の目で見て、自分の頭で考え、自分で行動する人々」が増えてくる素地が、我が国にできあがってきたのです。そして実際に、そうした人々が登場し、社会のさまざまな現場の最前線に台頭し始めたのです。

幕末の志士こそ救国のレジリエンス

実をいうと、こうした人々の登場こそが日本人という国民、あるいは、民族が持つ、レジリエンス（強靱《きょうじん》さ）の本質なのではないかと思います。

もしこれが日本でなければ、世代が丸ごと集団催眠にかかってしまったような状況になってしまい、どれだけその国が危機に陥ろうとも、自分の頭で考える人々があちこちから出てくるということはあり得ないと思います。

だから、このように、本当の国難が訪れた時に、それまでの風潮をものともせずに、「冷静に状況を見据えながら、自分の頭で考え、行動する人」が現れ出ることこそが、日本の最大の強みなのではないでしょうか。

おそらくは幕末も同じような状態だったのではないかと思います。天下太平の江戸時代しか知らない多くの人々が、黒船来航に対してあたふたする中で、下級武士も含めた一握りの人々が、その国難に何とか立ち向かわねばならぬと全国から集まり、自分の目で確かめ、自分の頭で考え、自分自身で事をなしていったのだと思います。おそらくは、それこそが「明治維新」の実態だったのでしょう。

もちろん、薩長側と幕府側の戦で幕府側が勝っていれば、またまったく違った改革が成し遂げられていたかもしれませんが、少なくとも、明治維新を成し遂げたことによって、日本がアジアの大国の地位を確立していったことは間違いありません。そうであればこそ、幕末の志士のような、日本を常に覆い続ける「全体主義的な空気のこわばり」をものともせず、「自分の目で見て、自分の頭で考え、自分で行動する人々」が、国難に際して現れ出ることこそが、救国のレジリエンスの本質なのだということができるのです。

だからもしも、我々の国、日本に、真のレジリエンスがあるのなら、その力は日本が深刻な国難に直面すればするほど、さまざまな人々の志というかたちで力強く発揮されていくに違いないのです。

東日本大震災が洗い流したもの

さて、そんな平和ぼけがまさに終焉せんとしていた時代のまっただ中に起こったのが、東日本大震災でした。

先にも触れましたが、この大震災に対して、政府は驚くほどの無能ぶりを発揮し、被災者のみならず、多くの国民が政府の驚くべき無能さに絶望的な憤りを感じています。

たとえば、日本中から、そして世界中から集められた義援金は、なかなか被災者に配分されませんでした。阪神・淡路大震災の時ならば速やかに決定された数兆円、十兆円規模という復旧、復興のための補正予算が、何ヵ月も先送りされていました。

原発事故の対策についても、その初動において、ほぼ純粋にパフォーマンスといわれている首相の現地視察という愚行さえなければ、迅速なベントが可能となり、事態はまったく違う方向に進み、ここまでの大事故につながらなかった可能性すらしばしば指摘されています。

しかしこうした政府の無能さは、何も、時の政権、時の首相の問題だけなのではありません。彼らは平和ぼけした日本、戦後レジームの象徴そのものなのです。

そもそも戦後日本はずっと、平和ぼけ空間の中で、有事なんてないかのように振る舞い続けてきました。有事はすべて想定外なのであって、それが想定外である以上、それに対する対応など想像すらしたことがなかったのです。だから、巨大津波に対しても原発事故に対しても、ことの深刻さを理解することができず、ただただ後手後手で対応していくしかなかったのです。

しかし、これでようやく、多くの日本人が気がついたのではないかと思います。

第一に、巨大な地震や津波というのは、いつ、どこで起こっても不思議ではないのだ、ということに。

第二に、原子力発電所の事故というものはあり得ることなのだ、ということに。

そして第三に、選挙で選んだ為政者が無能であれば、本当に日本はメチャクチャなことになってしまうのだ、ということに。

この三点に気がつけば、どんなに深い平和ぼけでも覚醒するに違いありません。この地震列島日本に住まう以上、巨大地震や津波には常に警戒しなければならないのだし、この現代文明を支える電力源の一つに原発を据え続ける以上、国家安全保障の問題からもその安全対策に取り組まなければならないのは当たり前なのです。また政権をどの党が担うのか、首相が誰になるのかという選択は、国家の命運を左右する重大事なのだという点に思いが至り、普段の選挙を蔑《ないがし》ろにするようなこともなくなっていくでしょう。

つまり、三・一一の東日本大震災を機会として、防災やエネルギー問題や政権選択といった諸問題について、明確に有事を想定する必要に改めて思い至った日本国民は、決して少なくないだろうと思うのです。

しかし、残念ながら、というべきか（あるいは当然ながら、というべきか）、これだけの巨大な被害と、それに対する政府の対応の恐るべき無能ぶりを目にしてもなお、平和ぼけから目覚めない人が多数に上ることもまた、間違いありません。

たとえば、首都圏や西日本を始めとした全国各地で、大震災がもたらした心的ショックをあらかた忘れてしまって、すでに以前とまったく同じような心持ちで日常を繰り返している人は夥《おびただ》しい数に上るでしょうし、ただ「原発ってコワイものなんだ」という気分だけを残して原発問題について深く考えることをしない人が大半ではないかと思います。

さらには、現政権を批判することはあっても、その政権を選んだのは我々国民なのだから、自分たちの愚行こそを猛省すべきなのだ、というところにまで思いが至っている人は、限定されていることだろうと思います。

そもそも我々の社会には、平和ぼけ世代の人々が多数残存しており、しかも彼らが大手メディアを始め、政府機関、会社等のあらゆる諸組織の中枢を担っています。そして、彼らの平均的な気分は未だ平和ぼけのままなのですから、直接的な被害を受けたのならいざ知らず、テレビやニュースで間接的にその報道に触れているという環境下では、震災や原発事故でその平和ぼけが覚醒することなど、残念ながらほとんど期待できないのです（もちろん、こうした世代論はあくまでも平均的な人々について論じているのであって、例外がある点は申し添えておきたいと思います）。

――とはいえ、それでもなお、少しずつではありますが、我が国日本が、平和ぼけ覚醒の方向へ変化を始めていることも事実です。

そもそも、直接被災された方々は、平和ぼけをいつまでも続けているわけにはいきません。たとえ、その被災が間接的なものであっても、同様です。

さらにはそうした被災された方を家族や親戚や縁者に持つ方も、同様に、平和ぼけを続けるわけにはいかないでしょう。

そして、同じ日本人としての同胞意識を持つ人々においては、直接間接の罹災《りさい》被害はなかろうとも、どれだけ被災地から離れたところに住んでいようとも、あれだけの同胞が亡くなり、膨大な数の被災者が出た三・一一の大震災に対して、「自分自身が被災したのだ」と感受していることだろうと思います。

これまで辛酸をなめ続けてきたポスト平和ぼけ世代の人々は、こうした直接間接の被災経験を通して、彼らのうちにわずかなりとも残存していたやもしれぬ平和ぼけが、決定的に洗い流されることとなったに違いありません。

日本が直面している真の国難とは

ただし、繰り返しとなりますが、平和ぼけ世代が、財界やメディア、学会や政界等の中枢に居座っている限り、平和ぼけの「こころ貧しい戦後レジーム」が、決定的に組み換わるとは考えられません。

しかし、今、我が国が直面している真の国難は、ポスト平和ぼけ世代の登場とも相まって、「こころ貧しい戦後レジーム」を組み換えるに違いないと感じています。

その真の国難とは、第一章で述べた、西日本大震災、ならびに、平成・関東大震災という二つの超巨大地震の危機、言い換えるなら、東日本大震災から始まり、そして、富士山の噴火すら併発しかねない「超巨大地震の三連動」の危機のことです。

この二つの地震は、東日本大震災をはるかに凌《しの》ぐ被害を我が国にもたらすものです。しかも、科学的な知見を踏まえるなら、それらが数年以内、遅くとも二〇年以内に連発しかねない状況に、我が国は至っていることが明らかにされているのです。

そうである以上、戦後日本が、平和ぼけの中でどれだけ惰眠《だみん》をむさぼっていたとしても、(東日本大震災が、真の恐怖の単なる前兆に過ぎないと思わせるような) 凄《すさ》まじく恐ろしい巨大地震の三連動の危機に直面すれば、そこから覚醒することは間違いないことでしょう。

それが現実に起きた後であるならば——我が国が生き延びることができれば、という前提付きではありますが——「覚醒」することは間違いないところでしょうが、その三連動の凄まじい恐怖を想像するだけでも、多くの日本人が平和ぼけから覚醒していくこともあり得るのではないかとも感じます。しかも我々はすでに、この三連動の一発目の大地震である東日本大震災を（三つの中でも最小規模のものであるとはいえ）経験しているのですから、なおさらです。

そのうえ、（詳しく見てきたように）今や、我が国日本は、平和ぼけ世代だけに牛耳《ぎゅうじ》られているわけではありません。社会に出てから、デフレ不況しか経験をしていないような世代が、徐々に日本のさまざまな現場の意思決定を担う時代へと、転換してきているのです。このポスト平和ぼけ世代は、「この世の中は、ありとあらゆる未知の危機に満ちているものだ」という認識を共有し始めています。だから、国が亡びるほどの危機の存在を「そんな馬鹿な――」といって頭から否定してかかるようなことなく、自然に、違和感なく受け止める傾向が、否応《いやおう》なしに高まっているわけです。

民間でも、不動産市場では安全がかつてないほどに重視され始め、人気の高い不動産の傾向が大きく変わっているとも報道されています。そして、企業の立地についても、地震の被害のできるだけ少ない地域への移転が、これもまた、かつてないほどのスピードで具体的に進められているということが、（たとえば日本海側沿岸域の諸都市の工業団地等から）漏れ聞こえてきています。

こうした「平和ぼけからの覚醒」が、東日本大震災の直後だけの現象なのか否かは、今のところまだ、分かりません。

しかし、仮にそうであったとしても、早晩二発目の地震が起これば、おそらくは三発目の発生の前に、平和ぼけから目覚める国民が大多数に上ることは十分にあり得るでしょう。万一そうならずとも、三発目によって日本が文字通り壊滅すれば、どれだけの馬鹿でも阿呆でも(!)、平和ぼけを続けるわけにはいかぬこととなるのは間違いないでしょう。

戦後日本人の平和ぼけは、この巨大地震の三連動によって終焉せざるを得ないのです。

巨大地震の三連動がもたらすもの

先の大戦以後にこの日本列島で築き上げられてきた戦後レジームは、平和ぼけの中で生まれ落ち、巨大化してきたものでした。そして日本人は、会社の中でも、政府の中でも、そしてあろうことか家庭の中でも、改革を行ったり仕分けを行うことを通して、平時の生産性や合理性の向上に邁進《まいしん》してきました。

つまり、日本中があらゆる場所で目先の利益を追求しまくることとなったのです。それが戦後レジームの正体であって、だからこそ、日本人は「こころの豊かさ」をどんどん失っていったのです。

こうして、平和ぼけであるがゆえに、日本は「こころ貧しい」国へと凋落《ちょうらく》していったのでした。

しかし、この巨大地震の三連動は、半世紀以上続いたこの平和ぼけに、ようやく決定的な終止符を打つことになりそうです。そのことはすなわち、大震災が「こころ貧しい・戦後」を終わらせることを意味しています。

つまり、我々は今、戦後レジームが、まさに終幕するちょうどその時に居合わせているのです。言い換えるなら、我々は今、「こころ貧しい・戦後の終わり」の「始まり」の時を生きているのです。

ここで、再び寺田寅彦の言説を借りるなら、次のようにいうこともできると思います。

そもそも、我々日本人は度重なる震災や津波、水害に苛まれ続けてきました。

そして、そんなたび重なる災難によって教育（すなわち、「災難教育」）されるようにして、日本は、その日本らしさをどんどん深化させていきました。つまり、さまざまな災難にいかにして備え、それが発生してしまった後にどのようにやり過ごすべきなのかということに、長い歴史の中で知恵を絞り続け、それによって、日本の社会も文化も成長していったのです。

いわば、ちょうど野菜や鳥獣魚肉を食って育ってきたと同じように、災難を食って生き残ってきたのが、我が日本民族なのでした。

ところが、この戦後という時代は、たまたまほとんど地震のない地震静寂期であったために、日本民族は災害が不足している状態、つまり、寺田寅彦がいう「災難飢餓」の状態に陥ってしまったのです。

そんな災難飢餓の状態にあった日本民族にようやく、東日本大震災が降りかかってきたのでした。もちろん、この震災によって痛ましい犠牲者の数々が生み出されたのであり、我々日本人はその痛みを国民全体で分かち合わねばならぬ事態にあることは間違いありません。そうした事態は、誠に不如意《ふにょい》としかいいようのない不幸なことではありますが、この震災大国日本にとっては、歴史的にいうならば必然ともいえるものなのでした。

だからこそ、そうした哀しみと苦しみを多くの国民が改めて認識することを通して、戦後日本の災難飢餓の状態が満たされるように、我々日本人がより日本人らしくなっていくことができるはずなのです。

では、そんな戦後レジーム、「こころ貧しい・戦後」の次に、私たちの日本という国は、一体どのように日本らしさを取り戻していくのでしょうか。そして、それは、どのように明るく、そして、こころ豊かな未来へとつながっているのでしょうか——次の章からは、そのことについて、具体的に描写していきたいと思います。

第三章　八つの策で強靭化する日本列島

国政の中心で議論される列島強靱化

二〇一一年六月一六日、国会の参議院にて開催された東日本大震災復興特別委員会の公聴会において、筆者は、大震災の「復興基本法」を策定するにあたっての、専門家としての意見の公述を求められました。

筆者はその公述にて、震災復興の基本的な考え方に加えて、前述したような、これから襲いかかるであろう超巨大震災がどれだけ恐ろしいものなのかということを、客観的なデータを示しながら説明しました。

その上で、三・一一の復興基本法の策定後、その超巨大震災の対策を迅速《じんそく》に進めるための基本法の策定に、すぐに取りかかるべきであることを強調しました。その基本法を、筆者は、この日本列島を強靱《きょうじん》なものに、つまりレジリエンスある列島に仕立て上げるための法律という趣旨で、「強靱化基本法」と呼びました。

もちろん、震災復興の予算すら著しく不十分なものしか組まれておらず、政府による本格的な復旧・復興が開始されていない状況でしたので、この強靱化基本法が、すぐに策定されるということは、残念ながら考えがたいと思われました。

しかし、そうした政権下であるにもかかわらず、震災復興を議論する国会の場にて、強靱化基本法について審議されたことの意義は、決して小さくないと思います。

国会とはそもそも、国民の選挙で選ばれた人々が議論を戦わせる場である以上、国会の中に列島強靱化を求める思いがあったということはすなわち、日本国民の意識の中に、やはり、超巨大震災の連発をも乗り越えるための列島強靱化を果たさねばならぬという願いが、潜在的にしろ、含まれているということを意味するのではないかと思えてきます。

しかも、筆者が、震災後に列島強靱化を国会で主張する機会をいただいたのは、この復興特別委員会の場だけではありません。

大震災から一二日後の三月二三日に、同じく参議院の予算委員会の公聴会の席にて、筆者は、東日本大震災からの復興のヴィジョンと工程を論じた「日本復興計画」を公述しました。

その時に筆者が提案した日本復興計画は二部構成となっており、前半が「東日本復活五年計画」であり、後半が「列島強靱化一〇年計画」でした。

筆者がそんな計画を公述したのは、二〇一一年度の国家予算、ひいては、これから五年、一〇年の国家予算は、一般的な国家の諸事業に加えて、震災復興と列島強靱化の二つを成し遂げることを重大な目標に掲げたものとしなければならない、という思いがあったからです。

つまり、本書で論じているレジリエンスを我が国が獲得しなければならないという議論は、三・一一の東日本大震災以降、少なくとも二度、直接的に国会において議論されているのです。

もちろんこの流れが、今後すぐに拡大し、具体的な強靱化基本法の策定に直接に結びつくのかどうかという点については、上記のような政局の動向を見るにつけ、楽観できないと思います。

しかし、その流れは何らかのかたちで、この国を、徐々に、そして「時」が至れば急速に変えていくことも十二分にあり得るとも感じています（なお、国会での公述録や、その中で公表した「日本復興計画」「強靱化基本法」の資料は、筆者藤井聡のホームページhttp://trans.kuciv.kyoto-u.ac.jp/tba/にて閲覧いただけます）。

救国のレジリエンスを手に入れるためには

では、平成・関東大震災と西日本大震災が起こっても、そしてさらには富士山の大噴火があっても、それでもなお、それらを乗り越えることができるほどの強靱さを我が国日本が手に入れるためには、何をすることが必要なのでしょうか。

その第一は、いうまでもなく、東日本大震災の復興です。

たとえば、大怪我を負った人物が、それでもなお、強靱な体軀《たいく》を手に入れるために何よりも必要なのは、まずはその怪我をしっかりと治すことです。それと同じように、三・一一の震災に対するしっかりとした復興なくして、日本列島の強靱化はあり得ないということができるでしょう。

しかしもちろん、ただ震災復興を成し遂げるだけでは、列島強靱化を果たすことはできません。今のままの日本では、西日本大震災で、大阪や名古屋がすべて大津波によって破壊され、平成・関東大震災の最悪震度七の激しい揺れによって、首都の中心部が壊滅するかもしれません。そうなると、我が国は、GDPの半分以上、場合によってはGDPと同程度かそれ以上の経済損失を被るようなことも考えられます。

東日本大震災の被害は、GDPの三～五％程度という範囲に収まったことを考えますと、GDPの半分、あるいはそれ以上の被害を受ければ、日本がどれだけ凄《すさ》まじい混乱にたたき込まれることとなるかがお分かりいただけるのではないかと思います。そしてさらに最悪の事態としては、中央政府機能が喪失し、日本の歴史そのものが終焉《しゅうえん》することになる、ということもまた、十分に想定範囲なのです。

だからこそ、そんな事態に陥ることを絶対に避けるために、どんな巨大地震が来ようとも、「①致命傷を避け、②被害を最小化し、③すぐに回復する」ような「レジリエンス・強靭さ」を得るために、我が国は、考え得るあらゆる対策を、迅速かつ、効果的に推進していくことが求められているのです。

さて筆者は、国を救い得る強靭さ、すなわち救国のレジリエンスを手に入れるためには、少なくとも次のような八つの対策を、総合的に進めていくことが必要であると考えています。

①「防災・減災」のためのインフラ対策
②「リスク・コミュニケーション」の推進
③「地域コミュニティ」の維持と活性化
④有事を用意した「強靭なエネルギー・システム」の構築
⑤企業・工場の「ＢＣＰ（ビジネス・コンティニュイティ・プラン）」の策定の義務化
⑥有事の際の「救援・復旧対策」の事前想定
⑦日本全体の「経済力」の維持・拡大
⑧「強靭な国土構造」の実現

なお、これらの八策の詳細については、拙著『列島強靭化論』に譲ることとしますが、本書では、その考え方に基づいたより具体的な施策を、日本地図も用いながら述べていきたいと思います。

レジリエンス確保のための八策

これらの中の一つ目の「『防災・減災』のためのインフラ対策」ですが、これは、三大都市圏を始めとした、激しい揺れが予測されているそれぞれの地域のビルや家屋、学校や橋等の一つ一つの耐震性を、徹底的に高めていくという地道な取り組みです。また、防潮堤の整備などもこれに含まれます。これは、被害を最小化させると同時に、国会や中央官庁等の重要施設、あるいは皇居などの超重要施設の破壊を未然に防ぎ、日本国家にとっての致命傷を避けるために不可欠なものです。

二つ目の「リスク・コミュニケーション」というのは、「防災教育」という言葉にも言い換えられるものです。ただし、教育の対象は、子供たちだけではなく、一般の大人たち、そしてとりわけ、行政や政治に携わる方々も含まれます。それぞれの土地の地震や津波の危機の存在を伝え、それに対してどういう対策をとるべきなのかという知識を教えていく取り組みです。

また、三つ目の「『地域コミュニティ』の維持と活性化」というのは、それぞれの土地の地震や津波に対する強靱さ・レジリエンスを高めるためには、それぞれの地域コミュニティがしっかりと、かつ濃密に存在していることが重要であることから、挙げたものです。この取り組みは、二つ目の「『リスク・コミュニケーション』の推進」とともに、防災（災害を防ぐ）や減災（災害を減らす）のためにも、そして、迅速な回復のためにも必要となる取り組みです。

四つ目の、「有事を用意した『強靭なエネルギー・システム』の構築」というのは、たとえば、原発等の個々の発電施設の耐震性を最大限にまで高めると同時に、電気のシステムが潰れたらガス、ガスのシステムが潰れたら電気、というように、エネルギー供給システムを単一にするのではなく、二重化、三重化したシステムを作り上げることを意味します。

この発想は、おのおののビルに非常階段を整備することと同じようなものです（なお、こういうふうに二重化、三重化されたシステムは「冗長性のあるシステム」あるいは「リダンダンシーのあるシステム」といわれます）。エネルギーの問題は、国家の生命線そのものですから、この取り組みは、日本のレジリエンス確保のためにも、どうしても必要となるものです。

五つ目の策の「ＢＣＰ」というのは、「ビジネス・コンティニュイティ・プラン Business Continuity Plan」の頭文字を取ったもので、それぞれの工場や企業が策定するものです。これは、大地震や大津波があった時に、どうやって、それぞれの工場や企業の事業を続けていくのか、ということについて、あらかじめ想定するプランのことをいいます。つまりこの取り組みは、各種の法人や企業の強靱性・レジリエンスを確保するための取り組みといえるでしょう。

六つ目の「有事の際の『救援・復旧対策』の事前想定」というのは、たとえば平成・関東大震災が起こった場合、「誰が、どうやって救援活動を行うのか、また、その判断を誰が行うのか」ということを事前に考えておくということです。いわば、五策目の「ＢＣＰ」と同じ取り組みを、一般の企業ではなく行政が、中央政府が中心となって、都市全体、地域全体に対して事前に策定する、という取り組みになります。これがＢＣＰと異なるのは、救援のための道路インフラを整備しておくというようなかたちで、大規模な公共事業を織り込んだ計画となる点です。

七つ目の「日本全体の『経済力』の維持・拡大」は、日本国家の基礎体力とも言い得るＧＤＰの拡大をさすものです。たとえば、このままデフレが深刻化して四〇〇兆円程度のＧＤＰになっているところに、四〇〇兆円の被害をもたらす超巨大地震が発生すれば、それだけで我が国は、二度と立ち上がれないほどの致命傷を負うことになるでしょう。その一方で、ＧＤＰが一〇〇〇兆円程度にまで拡大した国家となっていれば、仮に四〇〇兆円の被害を受けたとしても、まだ、余裕があるため、何とか、その超巨大震災を乗り越えていくことが可能となるでしょう。

そして最後の「『強靱な国土構造』の実現」は、この八つの取り組みの中でも最も巨視的で、抜本的で、効果的な取り組みです。これを一言でいえば、次のようになります。

「『地震や津波の被害が大きそうな所のいろいろな機能を、地震や津波の被害が小さそうな所に、移転させていく』ことを通じて、『分散型の国土』をつくっていく」。

東海道を確保する理由

さて、これらの八つの対策を大規模に進めていけば、日本は確実に強靱な、レジリエンスある国家になっていきます。そして、平成・関東大震災が訪れても、西日本大震災が訪れても、はたまた富士山が噴火しても、それらの超巨大災害を乗り越え、次世代、次々世代の子孫たちに、この日本という国を引き継いでいくことが可能となることでしょう。

これらの対策はいずれも、それぞれの意味で重要なものですが、これらの中でもとりわけ重要なのが、八つ目の「『強靱な国土構造』の実現」です。なぜなら、すべての日本人、すべての日本企業、そして、すべての都市と地域が、この日本列島という国土の上にあるものだからであって、国土の構造そのものが強靱なものとなることこそ、何よりも日本国家の強靱化にとって大切だからです。

そんな強靱な国土を考えるにあたって、今、もっとも発生する確率が高いといわれている東海地震対策が、国家の存続にとって重要な対策の一つとなってきます。

九五ページの図表7は、その東海地震が発生するおおよそのエリアを示しています。東海地方は、地震と津波の直接的な破壊を受けることが予測されています。

この地震に対して、それぞれの都市の建物の耐震強化を図ることは急務ですが、それとともに、日本経済全体にとって極めて深刻な破壊が、この東海地震によって加えられることが危惧されています。

そもそも日本経済は、東京―大阪間の交流を中心として、飛躍的に発展してきました。それは、現代になってからはもちろんのこと、古くは鎌倉時代から、東海道こそが、日本経済の重要な大動脈であり続けてきました。

そして、今日の日本経済の活力の根幹である東海道の交流を支えてきたのが、東海道新幹線でした。

ところが、この文字通り日本の大動脈である東海道新幹線が、東海地震によってメチャクチャに破壊され、場合によっては何ヵ月間も不通になってしまうことが危惧されているのです。東海道新幹線を利用したことがある方ならご存じでしょうが、東海地域を走行中に、美しい景色の海が車窓から間近に見える区間が長くあります。そんな区間はすべて、大津波の被害を受けることが危惧されているのです。

現在、東西の人々の交流の大半を東海道新幹線に依存していますから、これが破壊されれば、東西間の人々の交流がほとんど途絶えてしまうことになります。ちなみに、新幹線が津波の被害を受ければ、当然ながらすぐ近くを走る在来線の東海道線も破壊される可能性が高いので、東京から大阪、大阪から東京に陸路で移動するには、自動車を使うか、北陸回りの鉄道路線を使わないといけなくなってしまいます。

こうなると、日本のビジネスの停滞は、決定的なものとなってしまいます。

こうして、東海地震ひとつで、日本経済全体が、極めて深刻な打撃を被ることになってしまうのです。間接的な経済損失だけでも、年間何十兆円にもなってしまうでしょう。

この深刻な事態を避けるには、東海道新幹線の耐震性を強化し、津波対策を施すことが重要です。しかし残念ながら、大地震や大津波をどちらも完全に防ぎきることができる保証はありません。

したがって、ここでもやはりしなやかな強靱さが、とりわけ、ビルの非常階段と同じように「システムを二重化する」という（リダンダンシーを確保する）対策が必要となります。すなわち、図表7に示したような、東京—大阪間の新・新幹線の整備が、最も効果的な強靱化対策となるのです。

その新・新幹線はリニア中央新幹線と呼ばれています。

図表7　東海地震（30年発生確率87%）とリニア中央新幹線

現在、このリニア中央新幹線の建設が予定されているのですが、その完成は十数年先となっています。たとえば、新大阪までの開通は、二〇四五年という、今から三〇年以上も先のはるか遠い未来です。

その背景には、建設費用として、車両費も含めて十兆円という大きな予算が必要である、ということが原因となっています。

しかし、東海地震は——残念ながら——遅くとも一〇年以内に発生する見込みが極めて高い状況にあります。そして、いったん地震が発生すれば、日本経済は数十兆円規模のダメージを被ることすら想定されるのです。それを思えば、十兆円の投資が高いとは、まったくもっていえない状況にあるのです。

大阪と名古屋への大津波を防ぐ方法

一方で、東南海地震や南海地震は、図表2（三三ページ）や図表3（三五ページ）に示したように、名古屋や大阪を壊滅させるような大津波を発生させることが心配されています。こうした津波を防ぐには、やはり堤防の建設が重要となります。もちろん、大津波は堤防だけでは防ぎきれないものではありますが、それでも、総合的な津波対策を考える上で、堤防の整備はなくてはならない重要な対策の一つです。

たとえば、大阪が被るかも知れない図表3のような凄まじい津波被害を避けるためには、現在大阪湾につくられている堤防を、六メートル以上の高さにかさ上げしていくことが必要となってきます。

そのためには、おおよそ四兆～五兆円程度の予算が必要です。

もちろんその予算は巨大なものですが、図表3に示した被害がもたらされれば、その何十倍という、一〇〇兆円や二〇〇兆円という被害が想定されることになります。

しかも、そんな大津波の危険は、一〇〇年程度の周期で大阪に訪れるものです。

そう考えれば、その四兆～五兆円程度の投資は、これから何百年間も、大阪の人々を守り続けるためのものだと考えることもできます。

もちろん、この四兆〜五兆円の投資を高いと考えるのか安いと考えるのかは、人々の判断に委ねられることとなりますが、津波被害の甚大《じんだい》さを多くの人々が常識的に知るようになれば、それを安い投資と考える人々が多くを占めるようになるでしょう。

これと同じような、津波対策のための投資は、名古屋でも、そして東海地方の各都市についても必要とされています。

東日本大震災以来、すべての都市で津波対策が改めて見直されています。そして、中央政府の中央防災会議でも、やっと大急ぎで、新しい津波対策の方針が検討され始めているところです。

三・一一の被災地より大きな問題を抱える西日本

九九ページの図表8をご覧ください。これは、東南海・南海地震による西日本大震災によって、津波がやってくることが予測されている海岸線を示しています。

ご覧のように、西日本の沿岸部は、瀬戸内も含めてことごとく津波の被害が予測されています。

中でも、とりわけ巨大な津波が恐れられているのが、紀伊半島、そして四国と九州の太平洋沿岸部の諸地域です。これらの地域には、ものの数十分、場所によってはわずか一〇分程度で、大津波がやってくると考えられています。

もし今、これらの地域に大津波がやってくれば、二〇一一年の東日本大震災とほとんど同じ光景が、この西日本の地でも再現されてしまうこととなります。

しかも、これらの地域における被災は、三・一一の、あの激甚な東日本大震災の被災地よりも、さらに大きな問題を抱えているのです。

それは、被災地への救援路がなくなるという問題です。

もともと、西日本の太平洋沿岸の街々は、海岸沿いの道路により発達してきました。ところが、そんな海岸沿いの道路は、大津波が押し寄せれば、ことごとくメチャクチャに破壊されてしまうことになります。

その一方で、紀伊半島がその典型ですが、海岸線から内陸に向かうとすぐに、そこには切り立った険しい山があり、今のところ内陸側には高速道路がつくられていません。さらには、内陸側から海岸部につながる道路も限られているのが実情です。

ここが、東日本大震災の被災地と大きく異なる点なのです。

東日本大震災の被災地には、内陸部から海岸部につながる道路が複数つくられていました。さらには、「東北自動車道」という高速道路が南北に通っていました。ですから、海岸沿いの道路がメチャクチャに破壊されても、東北自動車道や内陸部からの複数の道路で、そ

図表8　東南海・南海地震によって津波被災する地域と高速道路による津波対策

れぞれの被災地にいち早く救援に行くことができたのです。

しかし、西日本の多くの沿岸地域には、救援隊が通ることのできる道路がありません。しかも、震災に耐えるような高速道路も、ほとんどつくられていません。

ですから、西日本大震災の場合は、大津波による激甚な被害を受けた沿岸部の街々を、助けに行くことすらできないような状況にあるのです。和歌山県や三重県、高知県や徳島県などが、そういう「激甚な津波被害の後、誰も助けに行けない状況」に突き落とされてしまうのです。そうなると、津波から命からがら逃れた人がいたとしても、救援がこないまま亡くなってしまうということが、そして、亡くなった方々の亡《なき》骸《がら》が放置されてしまうようなことが、至るところで起きてしまうでしょう。

――多くの人々にとっては想像することも難しい話ですが、この問題は、これらの地域では古くから認識されており、何とかしなければならない、という議論が重ねられてきています。

そんな中で、まず何よりも重要なのは高速道路の開通であるということが、東日本大震災の後、盛んに議論されるようになってきました。

高速道路は一般に、平地よりも少し高いところにつくられます。ですから、三・一一の東日本大震災でも、一般道がメチャクチャになっても、高速道路への津波の被害は最小限に食い止められました。しかも、高速道路の盛り土そのものが堤防の役割を担い、津波を食い止めたという箇所も多数見られました。あるいは、津波から逃れた人々が高速道路まで駆け上り、助かったという事例も数多く見られています。

そして何より、先に述べた東北自動車道という高速道路があったからこそ、そこから、被災地の人々を救い出す作戦を行うことが可能となったのです。

つまり高速道路は、その作り方を少し工夫すれば、大津波の時にも壊れない救援路になるばかりでなく、避難場所にもなり、そしてさらには堤防にすらなる、津波対策を考える上でとても頼もしいインフラなのです。

もちろん、これらの高速道路をすべて整備すれば、数兆円の予算が必要になることは間違いありません。しかし、これだけ広大な西日本の太平洋沿岸の街々を救うためのものなのだという一点を思えば、数兆円程度の予算なら、決して高くはないというべきではないでしょうか。

ところが、これらの地域の人口は、大都会に比べて必ずしも多いわけではなく、平常時の経済的な効率性や合理性を追求する昨今の風潮の中では、どうしても高速道路の整備が後回しにされてきてしまいました。

そして挙げ句、「コンクリートから人へ」のスローガンに基づいて事業仕分けを推し進めてきた平和ぼけ日本の空気の中では、いよいよ、その整備が断念されかかっていました。

しかし、日本人がそんな平和ぼけから覚醒し、三・一一東日本大震災よりも恐ろしい光景が、この西日本の太平洋側に広がるのだという想像力を、わずかなりとも取り戻すことができるなら、救援と津波防災を一挙に果たし得るような高速道路整備を仕分けてしまうような愚かなことは、しなくなるに違いありません。

何度も繰り返し指摘しているように、二〇年ものデフレ不況に苛《さいな》まれ、しかも東日本大震災によって多大な被害を受けた我が日本民族は、少しずつではありますが、その平和ぼけから覚醒しつつあります。それを思えば、こうした高速道路の速やかな整備は、十二分に実現し得ることなのです。

分散型の国土構造をつくるとどうなる

以上、東海地震、東南海・南海地震といった個別の地震・津波を想定し、それに対する対策を一つずつ述べてきました。ところが以上に述べた対策を行ったとしても、その被害のすべてを食い止めることはとても難しいところです。

しかし、こうした地震、津波、さらには富士山の噴火といった数々の危機はいずれも、東京と大阪の間のいわゆる太平洋ベルト地帯に集中しています。したがって、これらの数々の危機の破壊力を削《そ》ぐ最も本質的な方法は、この太平洋ベルト地帯に集中している数々の都市機能を、それ以外の地域に移転させていくことなのです。

平成・関東大震災の発生が恐れられている首都圏には、実に、日本のGDPの約三割強もの経済力が集中しています。また、大津波が到達する可能性も危惧されている大阪や名古屋が位置している京阪神都市圏、中京都市圏に集中している経済力もまた、合計でおよそ日本のGDPの三割弱となっています。そして、東海地震の被災が恐れられている東海地方では、日本の約一割のGDPが生み出されています。

つまり今の日本は、よりによって超巨大地震が発生するであろう地域に、約七割（約三五〇兆円）もの経済力が集中してしまっているのです。

この三五〇兆円という数字は、三・一一東日本大震災の被災地のGDPと比較すると、その巨大さがはっきりと分かります。東日本大震災は、日本経済に明確に暗い影を落としているのですが、実は、その主要被災三県のGDPは合計約三〇兆円で、日本のGDPの六％に過ぎませんでした。これは、先に述べた西日本大震災と平成・関東大震災の被災域のGDPの、わずか一〇分の一にも満たない水準です。

我が国は、そんな巨大な経済圏域が、たった一つや二つの地震によって激甚なる被害を受けてしまうような国土構造を持つ国になってしまったのです。

残念ではありますが、日本は、世界中のどこを見渡しても見あたらないほどに凄まじく脆《ぜい》弱《じゃく》な国土を持つ国になってしまった。だからこそ、こんな脆弱な構造を強靱化していくためには、太平洋ベルト地帯の三大都市圏を始めとした諸都市の各種機能を、地震リスクの低い地域、たとえば、北海道や九州、そして日本海沿岸各都市に分散化していくことが、強く求められているのです。

そんな分散化した国土が形成されれば、次のような二つの意味で、日本の国土は強靱なものとなるでしょう。

第一に、分散化が進めば、被災地の都市規模が縮小されますから、巨大地震が起こっても、その被害を少なくすることができます。

第二に、分散化が進んでいれば、被災リスクの低い地域の経済力が大きくなり、したがって、被災後に日本の国力の大きな部分が温存されることになります。そしてだからこそ、被災地に対する迅速、かつ、強力な救援が可能となります。

つまり、首都圏や太平洋ベルト地帯だけが過度に発展し、それ以外の諸都市が衰退してきた時代の流れを逆転させ、日本全体が等しく発展していくことこそが、巨大震災における被害を最小化させ、迅速な回復を果たすために最も効果的な列島強靭化対策なのです。

では、どうすれば、日本海沿岸や北海道、九州の諸都市を発展させ、分散化した強靭な国土をつくることができるのでしょうか？

もちろん、分散化させたい都市に立地すると税制の優遇を受けられる、あるいは移転に対する補助金制度をつくるという方法は得策となるでしょう。また、工業団地等を公共投資で整備していくという方法も考えられるだろうと思います。

ですが、そうした対策だけではなかなか、ＧＤＰの一割や二割といった大きな経済機能を分散化させていくことは難しいのが現実です。

そんな中で、都市の発展にとっての切り札として挙げられるのが、実は、「新幹線を中心とした鉄道整備」です。

にわかには信じがたい——とお感じの方もおられるかもしれませんから、ここでは、この点について少し詳しく説明したいと思います。

都市の発展と衰退を分けた重要な要因

まずは一〇六ページの図表9をご覧ください。

この図は、明治九（一八七六年）年時点での、人口が多い都市のベスト一五を示しています。

ご覧のように、現在でも大都市であり続けている東京や大阪、名古屋といった都市もある一方で、現在では必ずしも大都市といわれなくなったかつての大都市も、数多くあることが分かります。

一方、一〇七ページの図表10は、現在の大都市を示している地図です。この地図は、東京、ならびに政令指定都市を示したものですが、和歌山、徳島、富山、金沢、熊本、鹿児島、函館の七都市が、明治期には人口ベスト一五の都市であったにもかかわらず、平成二二（二〇一〇年）年現在では、「政令指定」を受けられなくなってしまっています。いわばこれらの都市は、残念ながら、近現代の歴史の中で相対的に衰退してしまったのです。

その一方で、明治期には人口ベスト一五の都市には含まれていなかった、さいたま、千

図表９　明治９年の時点における人口ベスト15の都市

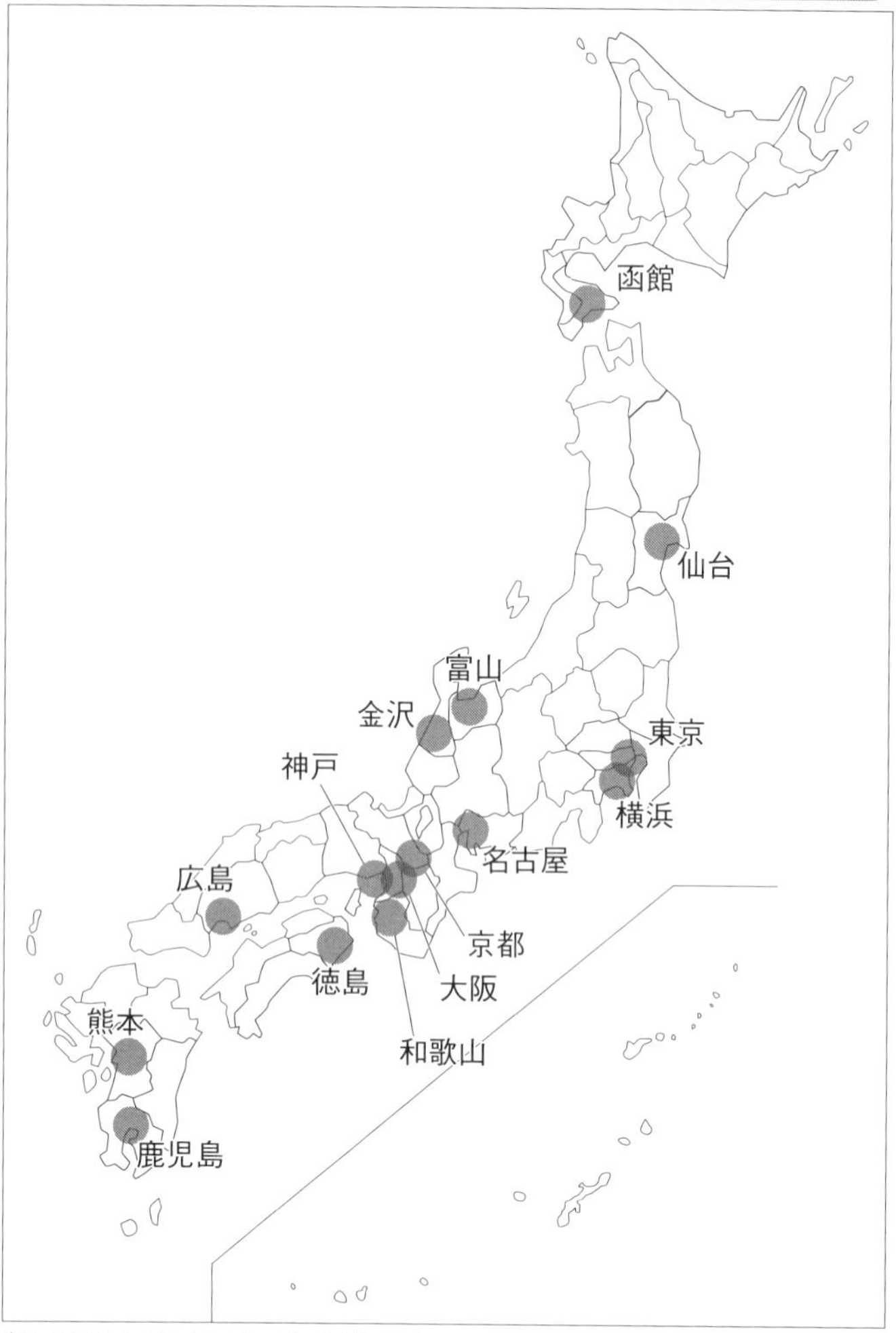

（資料提供：波床正敏大阪産業大学准教授）

図表10　平成22年現在の大都市（政令指定都市および東京）

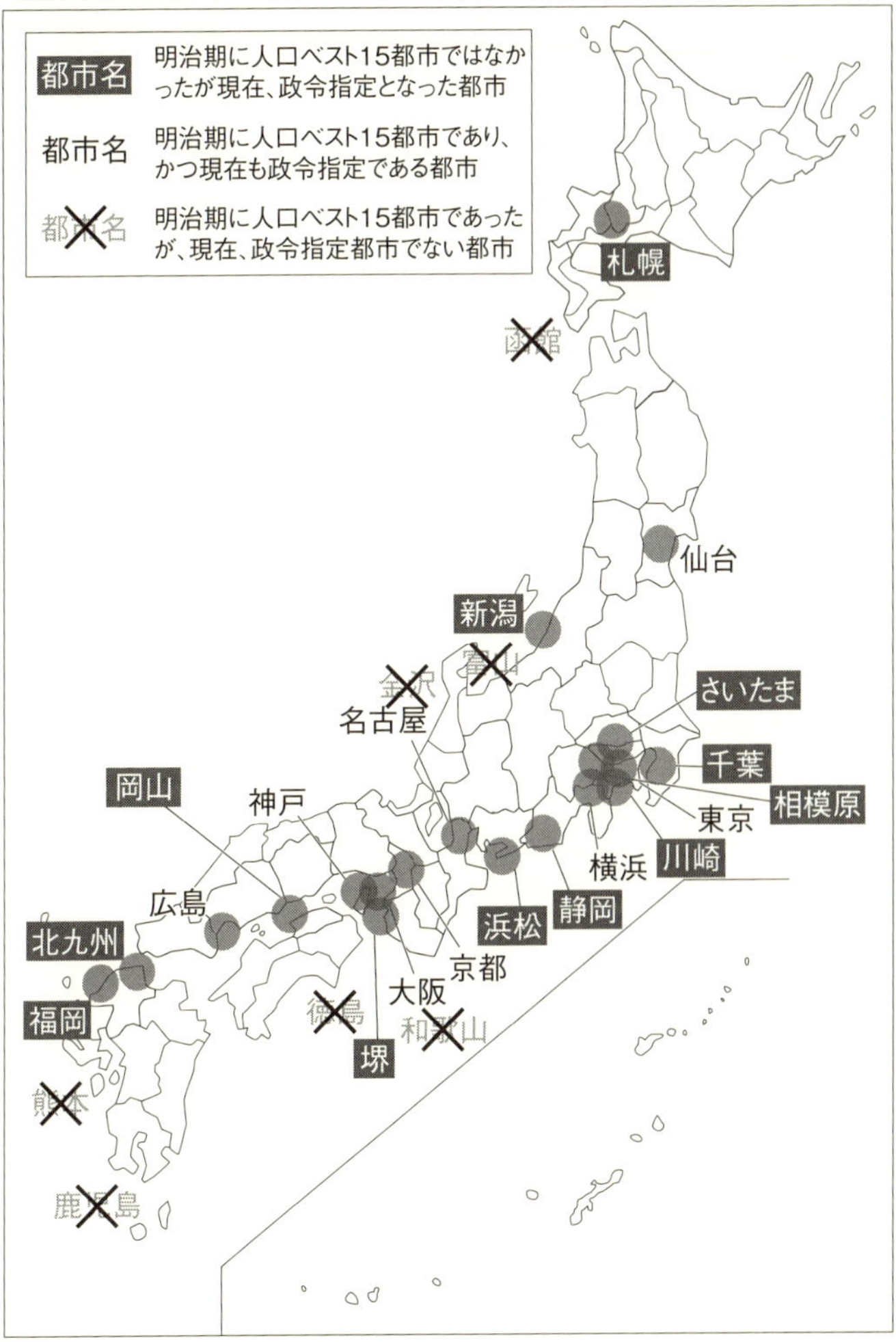

（資料提供：波床正敏大阪産業大学准教授）

葉、相模原、川崎、静岡、浜松、新潟、堺、岡山、北九州、福岡、札幌といった街々は、いずれも、政令指定都市となっています。いわば、これらの街は、昭和から平成にかけて、この近現代の歴史の中で、大いに発展してきたのです。

では、近現代日本における都市の発展と衰退を分けたものはいったい何だったのでしょう？

もちろん、その理由には、さまざまなものが考えられますし、それぞれの都市にそれぞれの事情があることは間違いありません。

図表11は、そうした、都市の発展と衰退を分けた重要な要因が存在していることを、明確に示しています。

この図表11は、現在、政令指定都市となっている都市と、明治期から衰退した都市、ならびに、（二〇一〇年時点の）新幹線の路線網を示したものです。

ご覧のように、「明治期において人口ベスト一五の都市であったが、現在、政令指定でない都市」（明治期から衰退した七つの都市）にはいずれも（少なくとも二〇一〇年時点までは）、新幹線が通っていないということが分かります。

その一方で、「明治期において人口ベスト一五の都市ではなかったが、現在、政令指定となった都市」（明治期以降に発展した都市）は、札幌という例外を除いて、いずれも、新幹

図表11　現在の大都市（政令指定都市および東京）と明治期から衰退した諸都市と、新幹線（平成22年時点）

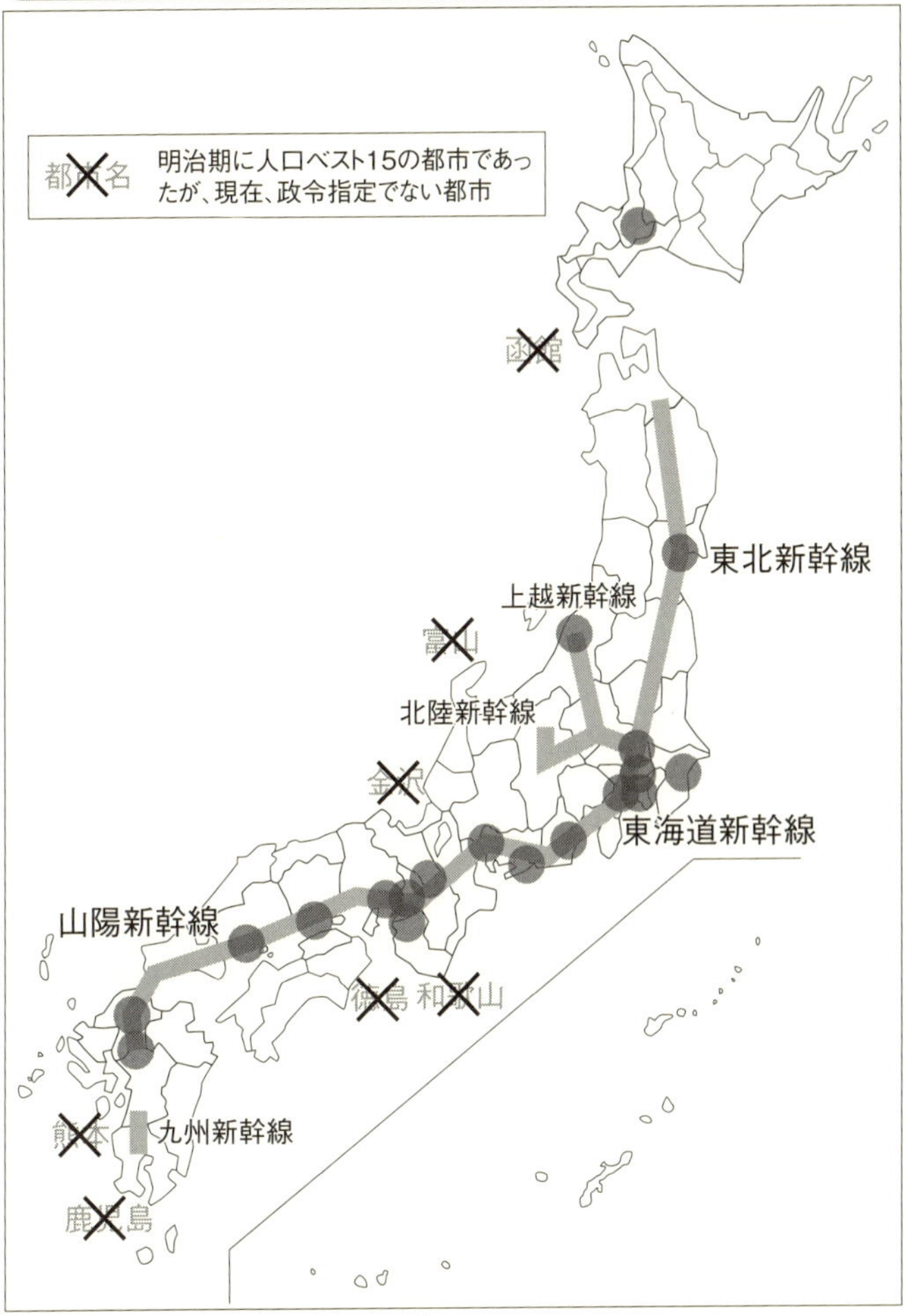

（資料提供：波床正敏大阪産業大学准教授）

線が通る都市圏に位置しているということが分かります。

　つまり、新幹線の整備投資が行われた都市は発展し、新幹線の整備投資が行われなかった都市は衰退していった、というのが、日本の近現代の歴史だったのです。

　要するに、都市の盛衰を分けたのは、新幹線整備だったのです。

　その象徴的な都市が、新潟です。

　新潟は、明治期においては、人口ベスト一五の都市に含まれてはいませんでした。当時は日本海側の大都市といえば、図表9（一〇六ページ）からも分かる通り、富山であり金沢だったのです。しかし、富山や金沢は新幹線が整備されなかったために徐々に衰退していき、今では政令指定される規模ではなくなってしまいました。

　一方で、上越新幹線が整備された新潟は近年とみに発展し、今では本州の日本海側で唯一の政令指定都市となったのです。

　こうした都市の衰退の歴史は、幹線公共交通をつくるということが都市の発展のための切り札であることを、実証的に示しているといえるでしょう。

北陸交流圏をつくる手段

　新幹線は都市の発展の切り札であるというこうした認識は、都会の人はいざしらず、地方を中心に、実に多くの人々に共有されています。

それでは、そんな認識や思いに基づいて、今、全国各地でどんな路線の整備が検討されているのでしょうか。

ここでは、それぞれの地域で長い間議論されてきた、そんな鉄道整備の考え方を、特に列島強靱化のための分散型の国土構造をつくるという目的の下に、少し詳しく、改めて取りまとめてみたいと思います（なお、一一三ページの図表12には、これから述べるそれぞれの路線や、それに基づいて形作られるであろう交流圏を記載しましたので、そちらも適宜、ご参照ください）。

まず、かつて人口ベスト一五の都市に含まれていた富山や金沢といった北陸地方の諸都市は、これから飛躍していく潜在的な力をまだまだ保っている街です。この潜在力を引き出し、発展させていくためには、北陸新幹線をできるだけ早く整備していくことが必要です。

実際、東京方面から金沢までは、整備されることが決まっています。

ですが、金沢から京都や大阪方面には、未だその整備が決められていません。もし、北陸地方が関東地方とだけしかつながらないなら、都市が発展していく見込みは半分以下になってしまいます。

そもそも、さまざまな大都市とつながるということが、新幹線によってその都市が大きく発展していくことの理由なのです。関東地方だけでなく、関西地方とも新幹線でつながることで、北陸地方は日本第一と第二の都市圏の双方に、数時間で直結されるのです。

そして図表10（一〇七ページ）を見れば明らかですが、東京―大阪間の地域には、政令指定都市が数珠《じゅず》繋《つな》ぎになっています。これは明らかに、日本第一と第二の都市圏を結ぶ新幹線が整備されたことで、その間の都市が発展してきた歴史を物語っています。

これらを踏まえると、大阪・京都方面までの北陸新幹線の開通を急ぐことが、北陸地方の発展にとって極めて重要であることは明らかなのです。

北陸地方について併せて付言しますと、現在、新潟と富山の間がいたって不便だという問題があります。ですが、この区間は、すでにつくられている北陸新幹線を使うと、僅《わず》かな投資（長岡―上越間新幹線の整備）で飛躍的に便利に移動できるようになります。そうなると、新潟・富山・金沢・福井という街々が、わずか一～二時間で結ばれることとなります。さらにいうと、現在、単線でしかない羽越線の高速化もこの地域の発展に重要です。

こうなれば、今まで存在していなかった大きな北陸交流圏が生まれ、太平洋ベルト地帯に過度に集中してきた生産施設や人口の、北陸側・日本海側への転換を、大きく後押ししていくこととなるでしょう。

図表12　列島強靱化のための鉄道路線の改善プランと４つの地域交流圏

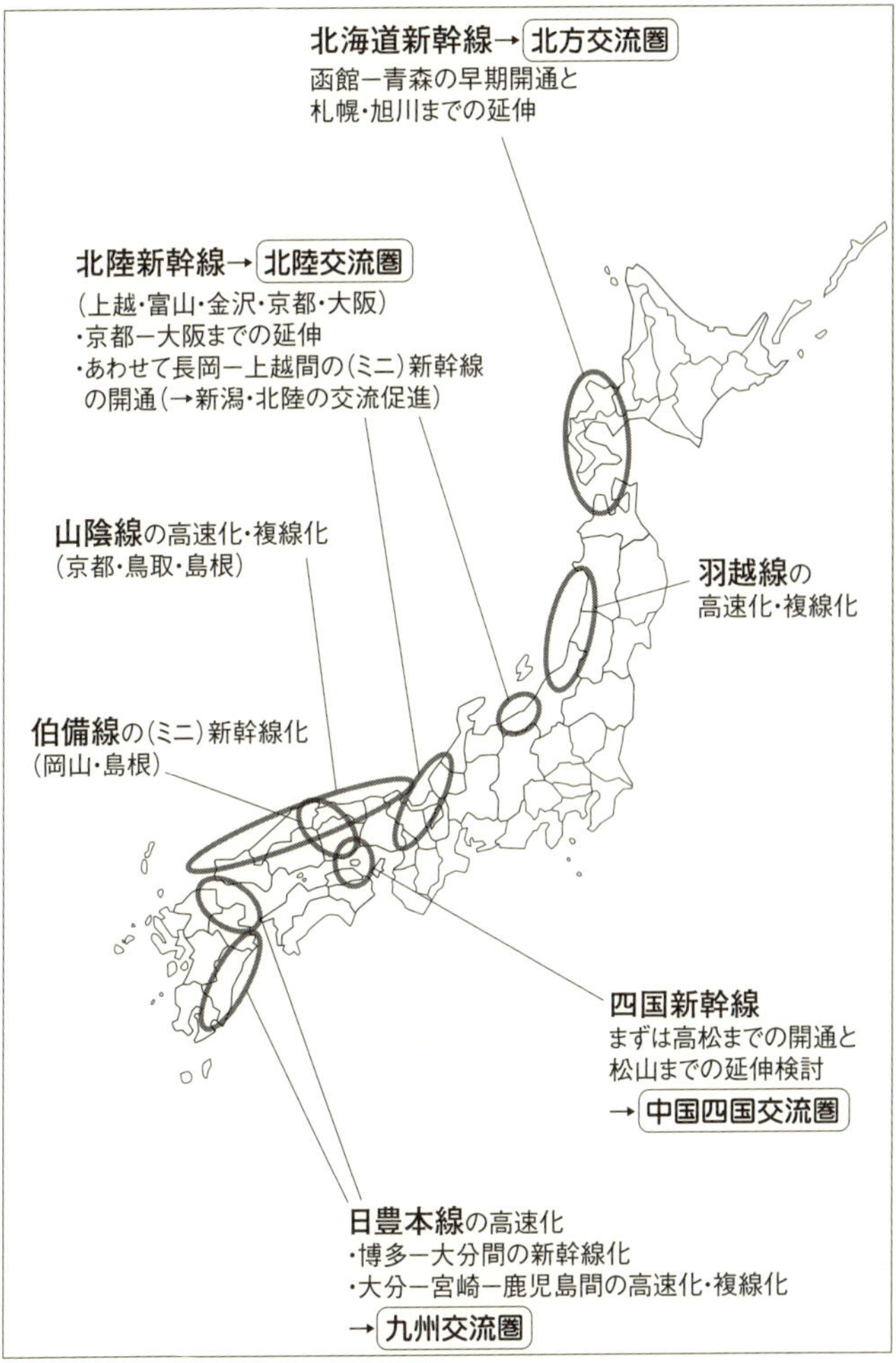

札幌都市圏と青函交流圏で北方交流圏を

分散型の国土をつくる上では、北海道を中心とした北方に大きな交流圏をつくることもたいへん重要です。

このためには、今、青森までつながっている新幹線を函館まで延ばし、さらには、それを札幌そして旭川まで延伸していくことが、どうしても必要となります。

これらのうち、もともと青函《せいかん》連絡船で結ばれていた函館と青森は、一つの交流圏となっていました（函館には青森の方がたくさんおられ、札幌都市圏とは雰囲気がずいぶん違うという話を聞くことも、しばしばです）。ですから、青森から函館までの新幹線の開通は、その交流圏をさらに拡大、充実させることになるでしょう。

その一方で、本州の方々からすると意外に思われるかもしれませんが、函館―札幌間は、同じ北海道でありながら実に三〇〇キロ以上も離れているのです。つまりこの二つの都市は、本州でいえば名古屋と東京ほどに離れているのです。今は在来線しかありませんから、特急で三時間以上もかかってしまいます。

ですが、これが新幹線でつながれば、両都市は今の半分の一時間半弱で結ばれることとなります。そうしますと、これまで分断されていた札幌都市圏と青函交流圏が、一つの大きな北方交流圏を形成することとなります。

　この交流圏は、現在疲弊《ひへい》しつつある北海道、東北北部地域の発展に資《し》することになり、首都圏ならびに首都圏近辺に立地する工場や企業の受け皿として、とても有望な地域となるわけです。

　またそれと同時に、この地でつくられたモノを運び出すための港を増強することも重要となるでしょう。その港は、日本を代表する食料供給基地・北海道でつくられたさまざまな食料品を、日本中に送り出すための基地としても、とても大切な役割を担うことになります。

九州と中国・四国に大きな交流圏を

　一方、九州方面については、奇《く》しくも東日本大震災の翌日、二〇一一年三月一二日に、博多―熊本―鹿児島中央間の九州新幹線が開通しました。この九州新幹線の開通によって、まさにこれから、九州に大きな交流圏が形作られることになります。そして、東海道の街々が大きく発展していったように、博多、熊本、鹿児島といった街々は、これから大きく飛躍していく、またとないきっかけを摑《つか》んだのです。

　しかし、これは九州の「西側」の話であって、「東側」の大分や宮崎は、こうした発展の恩恵を必ずしも受けることはできません。

ところが、九州の東側にある博多と大分の間には、新幹線の開通にも対応できるような旅客数が今でも存在しています。ですから、少なくとも博多から大分に至るまでの区間に新幹線を開通することは、決して非現実的なことではありません。

さらに大分から宮崎の間にも、現状よりもっと速く、もっと多くの旅客を運べる線路の整備（一般に複線化と呼ばれます）は、現時点においても十分に合理的な判断です（そして、そんな複線化によってさらに発展した時点においては、新幹線の開通を将来的に視野に収めることも可能となるでしょう）。

こうしてつくられる九州の東側の新しい新幹線・鉄道路線によって、これまでにはなかった大きな交流圏が、九州に形作られることとなるでしょう。

一方、中国地方においては、広島や岡山などの山陽地方の北側にある日本海沿岸（つまり鳥取や島根などの山陰地方）、そして、より南側にある四国側の発展が、分散的な国土にとって重要となります。

まず山陰側には、関西方面から鳥取と島根に至る山陰本線があるのですが、この鉄道線をもっと速く、もっと多くの旅客を運べる路線へと改善していく（複線化する）ことが必要でしょう。

これに加えて、山陽地方と山陰地方を南北につなぐ路線（伯備線《はくび》）を改善していくことも重要です。もちろん、その際には、新幹線（あるいは、それよりももう少し規格の小さなミニ新幹線）で整備していくことが得策でしょう。これがあれば、今では「分断」されている山陰と山陽の間での交流が促進され、山陽側に蓄積されてきた都市化の勢いが、一気に山陰側に流れ込むこととなるわけです。

このようにして鉄道が整備されれば、今まで山陽地方の発展の陰で立ち後れてきた山陰地方の発展が、促進されていくこととなるでしょう。

また、四国の発展を期するためには、岡山と高松を結ぶ瀬戸大橋の鉄道を改善していくことが重要です。もちろんこの改善についてもやはり、新幹線をつくっていくことが得策です。

リニア新幹線より安い四大交流圏の新幹線整備

以上に述べた新幹線を中心とした鉄道整備は、

①北方交流圏（青森─函館─札幌─旭川を中心とした圏域）
②北陸交流圏（新潟─富山─金沢を中心とした圏域）
③中国四国交流圏（山陰─山陽─四国を結ぶ圏域）
④九州交流圏（九州全域）

の四つの交流圏を形成する重要な骨組みを提供することとなります。

もちろん、以上に述べた鉄道整備だけで、これらの交流圏域が高度に発展していくとは考えられません。それにあわせた、その他のインフラ（高速道路や港）の整備やさまざまな税制の優遇策、さらには工業団地の整備等がなければ、こうした交流圏域が十分に発展していくとは考えにくいことも事実です。

しかしそれでもなお、（東海道新幹線沿線の各都市が数珠繋ぎ状態で発展していったように）新しくつくる新幹線等の整備が、各地の交流圏を形作る上での、極めて重要な起爆剤となることは間違いありません。

ただ、多くの皆さんは「新幹線を中心とした鉄道整備を日本中で行っていくなんて、予算的に無理じゃないのか」とお感じかもしれません。

実際、すでにその整備がJR東海によって進められようとしているリニア中央新幹線は、東京─大阪間の全区間をつくるのに、総額でおおよそ一〇兆円がかかるといわれています。「東京─大阪間だけでそれだけのオカネがかかるのだから、ここまで述べてきた全国各地の新幹線等をすべてつくれば、もっとかかるのでは」と思われるかもしれません。

筆者も当初そのように感じたのですが、改めて計算してみると、意外にも、図表12（一一三ページ）に示した新しい新幹線や路線改良にかかる費用は、全部あわせても五兆〜七兆円程度という、リニア中央新幹線よりもずいぶんと安いことが分かり、驚いたものでした。

もちろん、数兆円というその金額は、莫大なものであることに違いありません。

しかし、そんな新幹線整備は、それぞれの地域に大きな経済活力をもたらし、人々に豊かさをもたらすこととなるのです。

そして何より、それによって北方、北陸、中国四国、九州、という四つの交流圏がつくられ、首都圏と太平洋ベルト地帯の諸都市が集中的に担ってきたさまざまな経済や社会、文化の機能を少しずつ分担していくことが可能となり、数々の超巨大震災をも乗り越えられるレジリエントな、つまり、しなやかで強靱な国土をつくる契機を、わたしたちは得ることになるのです。

それを思えば、五兆〜七兆円程度の投資は、この日本列島を強靱化していくために、とても効率的な投資だということができるでしょう。

そしてそもそも、繰り返しとなりますが、日本列島の強靱化にとって必要ないくつもの対策の中で最も効果的な取り組みが、この分散化した国土の形成なのです。大地震や大津波の被害にあう施設や人々それ自体を、被災前に、より安全な地域に移動させておくことほど、被害を軽減させるに効果的な方法はないのですから。

大阪伊丹空港の跡地は副首都になるか

以上、列島強靱化を果たすための国土構造の分散化について述べてきましたが、国土構造の分散化を考える上で、どうしても避けられない重要な課題があります。

首都機能の分散化、です。

首都圏は、直下型の地震が勃発《ぼっぱつ》する見込みが極めて高い状況に至っています。

その震災の被害を少しでも緩和し、かつ、日本国家としての致命傷を避けるためには、どうしても、この首都圏への一極集中を緩和する必要があるのです。

これについては、実にさまざまな議論が重ねられてきました。

国会では国会等の移転に関わる法律が制定されていますし、それに呼応するかたちで、国土交通省の中にも首都機能移転企画課が設置されています。

ところが、こうした首都機能移転についての議論は、近年、極めて低調なものとなってきており、ほとんど話が立ち消えの状態に近づいていました。

しかし、かの三月一一日以降、その状況が一変しました。

多くの人々が、本書が主張するように、東日本大震災を首都直下型地震の予兆であると捉え、首都機能の分散化を議論し始めたのです。

その中では、実にさまざまな候補地やアイディアなどが議論されているのですが、少なくとも、筆者が知る範囲で最も現実味があり、しかも最も効果的なアイディアとしては、副首都の整備という案が挙げられます。

この副首都の整備というのは、永田町の国会や首相官邸、霞が関の各官庁ビル等に万一の破壊があった場合に、代わりに使うスペアをあらかじめ用意しておくという考え方です。

これまでにも、首都の移転や首都機能の一部移転等の議論が進められてきましたが、その決断を果たすには、さまざまな論点に配慮しなければならず、かつ、そのための関係者間の合意を形成するために、実に膨大な調整が必要となりました。その結果、移転時期が何年も先、何十年も先になってしまいかねません。

ところが、スペアとしての副首都の整備であれば、とりあえずの対策ですから、移転ほどには調整する事項は多くありません。その決断までに要する時間も限りなく短縮できるはずです。

現時点では、副首都をどこに整備すべきかということについては、断定的に語ることができるほどに熟した議論が積み重ねられているわけではありません。ただし、たとえば、メディアでもしばしば指摘された候補地としては、大阪伊丹空港の跡地等が挙げられています。

その背景には、土地の確保の容易性や、全国からのアクセスの良さ等が挙げられます。現在では、東京都知事や大阪府知事の間でも、そうした議論が重ねられ始めているという背景があります。

そして国会でも、いわゆる「副首都整備基本法案」（正式には、「首都代替機能の整備の推進に関する法案」）が超党派で、つまり、与野党が一緒になってとりまとめられています。その法案においても関西圏が想定されています。

いずれにしても、こうした具体的な地名を想定した真剣な議論は、上記の副首都整備基本法の制定を大きな契機として、本格的に進められることとなるでしょう。

強靱性と効率性の二兎を

以上、巨大地震への備えとして、国土構造を分散化させることが必要であること、そして、実際にその分散化を果たすため、新幹線や道路整備への投資を始めとしたさまざまな取り組みが、まさに進められようとしていることを述べました。

ここでもし、そんな分散型の国土が形成されれば、平時における効率性が損なわれてしまうのではないか——とお感じの方もおられるかもしれません。

しかし筆者は、効率性が大幅に損なわれてしまうようなことはないだろうと考えています。

なぜなら、以上に論じた新幹線や高速道路への投資は、いずれも、経済や産業を始めとしたさまざまな民間活動の効率化を果たすものであるからです。

だから、地方部に民間のさまざまなものが分散化したとしても、それを支えるインフラがある以上は、効率性がそれほど大きく損なわれるようなことはないわけです。

そもそも以上に論じた分散化は、強制的なものではなく、あくまでも「民間が効率性を重視した自由な判断を行う」という点を基本としつつ、インフラ投資等を通して誘導していこうとするものです。

つまり、有事におけるレジリエンスを確保する国土構造の分散化を果たすために、日本各地の「平時における効率性」を確保しようとするのが、以上に論じた「列島強靱化のための国土計画」の数々の具体案であったわけです。ですから、このようなアプローチを採用する限り、分散化しても、効率性がそれほど大幅に損なわれるようなことは考えがたい、という次第です。

あるいは、次のようにいうこともできるでしょう。

「巨大地震に対応するためには、国土構造を分散化しなければならない。しかし、ただ単に分散化してしまえば、有事における強靱さ（レジリエンス）は得られても、平時における効率性が著しく損なわれてしまうことになりかねない。だから、レジリエンス確保の観点から国土構造の分散化を果たすのなら、分散化したさまざまな都市同士を『つないでいく』ための交通の整備がどうしても必要となる――」

つまり、分散型の国土をつくるためには、本章で述べたようなさまざまな「みち」（鉄道や道路）をつくり、分散化したさまざまな都市をつないでいくための大型の投資ができて初めて、わたしたちの国日本は、有事における強靭さ（レジリエンス）と平時における効率性を同時に手に入れることが可能となるわけです。

いうなれば、かしこく公共投資を進めることさえできれば、我々は、強靭性（レジリエンス）と効率性という二兎《にと》を追い、二兎をも手に入れることが可能となるのです。

とはいえ、もしもわたしたちが過剰な効率性を追い求めれば、二兎を手に入れることはできなくなってしまいます。その意味で、もしも今、多くの日本人が追い求めているものが過剰な効率性であるなら、それを諦めなければ、わたしたちが強靭さ（レジリエンス）を手に入れることは不可能となるでしょう。

ですから、わたしたちが、過剰な効率性を追い求めることをやめ、適度な効率性を求める姿勢に転換することができるか否かに、そうした未来を手に入れられるかどうかがかかっているのです。

東日本大震災を被り、これからさらなる巨大震災の発生が予測されている今、わたしたちはまさに、過剰な効率性の追求を放棄し、適度な効率性を求める姿勢に転換するタイミングに位置しています。

そうである以上、我々日本人が、分散化した国土を、近い将来、実際に手に入れるであろうという見込みは十二分にあるのです。

第四章　震災に備えて経済成長

レジリエンスを求める流れ

過去の歴史を振り返れば、三・一一東日本大震災は、平成・関東大震災や西日本大震災の勃発《ぼっぱつ》の予兆である見込みがたいへん高いものであることが見えてきます。そして、そんな超大型の地震が連発すれば、我が国は、経済損失額にして、東日本大震災の何倍、十数倍という一〇〇兆円から数百兆円規模の水準の被害を受けるであろうことが予測されています。

そんな中で、わたしたちの国では、そうした凄《すさ》まじい天災を踏まえた列島強靱化《きょうじんか》のための諸対策が始められようとしています。前章では、もっとも抜本的な対策である国土政策について紹介しました。

もちろん、民主党政権には、こうした国土政策を展開しようとする様子は見られませんでした（東日本大震災が発生してから半年以上もの間、復旧、復興対策を大規模かつ迅速に展開しようとする様子すら見られなかったのですから、民主党政権の議論がその先にある強靱化に及ぶようなことは、ほとんど望めないのも致し方ないところです）。

しかし、こうした列島強靱化のための議論は、政治以外のさまざまなところでも始められています。

いうまでもありませんが、地震や津波の襲来が恐れられているそれぞれの地域では、自治体を中心に強靱化対策が真剣に論じられ、実際に始められようとしています。それらの地域に立地する多くの企業も、ＢＣＰ（まさかの時のためにどうするかをまとめた計画）を、真剣に考えようとし始めています。

そして、第三章で紹介したように、国会の中でも強靱化の必要性は論じられていますし、内閣を中心とした中央政府でも、関連部署の中では、日本そのものの強靱化のための議論が始められていることが、さまざまに伝えられています。

そして列島強靱化の第一歩である、東日本大震災の被災地復興に対しては、大規模な支出を回避しがちな民主党政権ですら、十分とはいいがたい水準ですが、そこそこの支出（二〇兆円程度）を検討しているようでもあります。

こうしたことを考えれば、中央政府に何らかの「大きな転換」がありさえすれば、それをきっかけとして日本列島を強靱化しようとする日本国民の潜在的な思いや力が顕在化《けんざいか》し、日本が本当に強靱化されていくという未来は、十分にありそうに思えます。

特に、一人でも多くの日本国民を、そして、この日本という国そのものを何とか守りたいと心の底から願う人々が政権の中枢に就くことがあれば、彼らが、今ここにある、超巨大地震の三連動という国の危機を見逃すようなことはあり得ないでしょう。

年間二〇兆円でできる強靱化

もしも、日本がそんなふうに列島強靱化の方向に進んでいくことになるとしたら、いうまでもなく、日本は大きな公共投資を始めることになります。

その規模は数兆円や一〇兆円、二〇兆円というような水準ではありません。

たとえば、一〇〇兆円規模の被害が予測されている平成・関東大震災に対しては、学校や橋などの公共施設を中心とした、一つ一つの建物やインフラの耐震補強を進めていくことがどうしても必要となります。当たり前ですが首都圏には膨大な数の建物やインフラがありますから、もしも真面目に耐震補強を進めていくなら、数兆円程度の予算では対応することはできないでしょう。同じようなことが、東海・東南海・南海地震が恐れられている東海地方や、大阪や名古屋についてもあてはまるでしょう。

西日本大震災の大津波被害を防ぐための堤防を補強し避難路を確保していくことも、国土の分散化等を促すための鉄道等をつくっていくことも、それぞれ一兆円や二兆円程度の予算では難しいことは間違いありません。

さらには、原発を削減していく方向に舵《かじ》を切るにしても切らないにしても、原発事故の凄まじさを念頭に置けば、今ここにある原発を多少の地震や津波でも壊れないように強化して

図表13　日本がレジリエンスを身につけるための列島強靱化に必要なおおよその予算規模

東日本大震災の震災復興関係	30兆～60兆円
基本的な耐震強化・津波対策（老朽化対策含む）	20兆～50兆円
東西交流路の確保（リニア中央新幹線および新東名高速道路等）	15兆～20兆円
国土構造の分散化のためのインフラ整備	15兆～30兆円
エネルギー関連の強靱化（自給率向上策、原発耐震強化等）	15兆～30兆円
その他（BCP促進、移転促進のための税制優遇、防災教育等）	10兆～20兆円
総　　額	105兆～210兆円（年平均10.5兆～21兆円）

いくことは、原発政策の議論以前の問題として必要とされるでしょう。

また、国産資源の開発（メタンハイドレードなど）も視野に入れながら、日本としてのエネルギー自給率の向上を図るための投資も、列島強靱化のためには必要です。こうしたエネルギー政策関連もまた、数兆円程度の予算で対応できるとは考えられません。

そういったさまざまな列島強靱化の取り組みのために、つまり、日本が、超巨大地震の連発にも耐えることができるようなレジリエンスを身につけるために必要な予算規模をざっと想定しますと、図表13に示したように、少なくとも一〇〇兆円から二〇〇兆円という水準となります。

一〇〇兆円や二〇〇兆円という数字をご覧になれば、天文学的な数字とお感じになる読者も多いかもしれませんが、これは何も、一年間で支出する金額ではありません。

たとえば、列島強靱化を一〇年間かけて推進するとすれば、年平均で、毎年一〇兆～二〇兆円という数字となります。

こうなりますと、必ずしも非現実的な水準ではない、と感じる読者の方々も少なくないのではないでしょうか。

日本では、中央政府の公共事業関係費が一九九〇年代から大きく削減され続けてきており、今では五兆円程度になってしまっていますが、一九九〇年代には、おおよそ一五兆円という水準でした。

ですから、列島強靱化のための一〇兆～二〇兆円程度の支出というのは、公共事業関係費を一〇年間限定というかたちで、一九九〇年代の水準にまで戻すことを意味しているのです。そう考えれば、この強靱化のための投資額は、必ずしも無謀で非現実的な水準ではないことをご理解いただけるのではないかと思います。

ところで、現時点の政権の下では、列島強靱化が大規模に進められる見込みは考えがたいところですが、少なくとも民主党政権下でも、支出規模の差こそあれ、それなりに復興投資を進めることとなると考えられます。

ですから、筆者が本書で論じている列島強靱化のための大幅な投資を、強力に推進し始める未来が訪れるとすれば、それは復興投資が一定程度進められた後の、二〇一三年頃ということになります。

二〇一三年は奇《く》しくも、民主党政権にて解散総選挙が行われない場合の、次の衆議院の総選挙の年です。その点を踏まえると、ひょっとすると、その選挙の結果が、列島強靱化を果たすのか否かを左右し、日本の命運を決定づけるものとなるかもしれません。

つまり、現政権において当面の間、列島強靱化を進める気配が見られないとしても、私たちはまだ、レジリエントな、つまり、しなやかで強靱な日本へとつながる明るい未来のシナリオから、決定的に乖離《かいり》しているわけではない、ということができるわけです。私たちは確かに、そんな明るい未来へとつながり得る時間の中を生きているのです。

列島強靱化と経済混乱リスク

さて、そんな年間一〇兆〜二〇兆円規模の公共投資をすると、日本はどうなるのでしょうか。

まず、それだけのおカネを、税金だけですべてまかなうことは実際上、無理ですから、どうしてもたくさんの国債を発行して、財源を調達していかなければならなくなります。

しかしそれだけの大量の国債を政府が発行すれば、日本は破綻してしまうじゃないか――

というふうに心配される方も多かろうと思います。

事実、それだけの公共投資を行えば、政府の負債が膨らむことは間違いありません。そして、そうやって負債が膨らんでしまえば、政府が破綻したり、日本経済が大混乱に陥ってしまう危険（リスク）が、多かれ少なかれ増えてしまうことも事実です。ですから、もしもそれだけの大量の国債発行をするなら、それに伴う経済混乱リスクを十分に考えなければなりません。しかし、改めて指摘するまでもないことですが、経済混乱リスクが存在しているということだけでは、強靭化しないことの決定的な理由にはなりません。

たとえば、「外出すれば、それだけで交通事故にあって死んでしまうリスクが発生するから、これから外出することを一切やめる」というような判断をする人は、誰もが認める愚か者であることは間違いないでしょう。

ですから、大量の国債を発行してでも列島強靭化を推進すべきかどうかを判断するためには、次の二つを考えることが必要となります。

第一に考えなければならないのは、もし列島強靭化をしなければどうなるのかということです。

そして第二に考えるべきは、列島強靭化をした場合の経済混乱リスクは、巨大震災による被害見込み（あるいは巨大震災リスク）に比べて大きいのか小さいのか、ということです。

第一の「もし列島強靱化をしなければどうなるのか」という点については、すでに第二章で紹介しましたので、詳しくは繰り返しませんが、強靱化をせずに無為無策のままに首都直下型地震や東海・東南海・南海地震の発生を迎えてしまえば、東京、大阪、名古屋を始めとした街々が、大きく破壊されてしまいます。

その場合、我が国は数百兆円規模の損害を被ることとなります。

たとえば、今のままデフレが進行して四〇〇兆円程度にまで日本のGDPが凋落《ちょうらく》しているような状況で、四〇〇兆円や五〇〇兆円規模の被害となれば、我が国は致命傷を受けてしまうことになります。

しかし、たとえば図表13（一三一ページ）に示したような予算の下、抜本的な列島強靱化対策を推進すれば、そんな巨大な被害を半分程度にまで抑え込むことも可能です。

そして、後で詳しくお話ししますが、一〇〇兆円から二〇〇兆円規模の公共投資を行い、しかも、金利や物価を調整するような適切な財政金融政策を行えば、日本のGDPは逆に七〇〇兆円や八〇〇兆円程度にまで拡大することも考えられます。

ですから、仮に七〇〇兆円のGDPになった時点で、（強靱化をしない場合に想定される四〇〇兆円や五〇〇兆円規模の被害のおおよそ半分の）二〇〇兆円から二五〇兆円程度の被害を受けても、それは致命的なものにはなりません。

つまり、列島強靱化の対策を行えば、平成・関東大震災や西日本大震災という凄まじい被害をもたらす巨大地震が連発したとしても、「①致命傷を受けず、②被害を最小限に食い止め、③受けた被害からいち早く立ち直る」ことが可能となります。

というよりもむしろ、そのようなレジリエンスを手に入れ、巨大地震が発生しても乗り越えることができるような「しなやかで強靱な国」にするのが列島強靱化なのですから、そのようになるのも当然といえば当然です。

国債発行のリスクは

では逆に、列島強靱化のために、これから一〇年間、毎年一〇兆〜二〇兆円程度の財源を、国債を中心として調達し続けていった場合の経済混乱リスクは、どの程度のものなのかを考えることとしましょう。

この国債発行による経済混乱リスクの問題は、さまざまな書籍やテレビや新聞、雑誌などで、毎日あれこれと論じられているテーマです。

そんな論調の中には、「このまま国債を発行し続けると日本は破綻してしまう」というものもあれば、「そもそも日本が破綻するなんてことはあり得ない」というような、それとは真逆のものもありますから、読者の中には、何を信じて良いのか分からず混乱している方もおられるのではないかと思います。

そもそもこの問題は、国内のマクロな市場における需要と供給、乗数効果、投資家の心理と行動、日銀のオペレーション、政府の増減税の判断、そしてそれらを総合して実現する、金利、物価、為替の動向——といったさまざまな要素が複雑に絡み合う、高度に込み入った問題です。

ですから、この問題を深く考えた経験のない一般の方々は、どういう説明を聞いても「分からない」というのが、実情なのだろうと思います（以前、筆者もこの問題について、たとえば、『公共事業が日本を救う』などで何度か論じたことがありますが、その際、多くの方から「良く理解できた」という反応を得た一方で、「ややこしくて、よく分からなかった」という声も何度か聞いたことがあります）。

ついては、この問題についての包括的な議論は学術論文（『マクロ経済動向への影響を加味した公共事業関係費の水準と調達方法の調整についての基礎的考察』土木学会論文集F4：藤井聡・中野剛志著：筆者HPで閲覧可能）に譲ることとしますが、ここでは特に、経済混乱リスクに対してどのように対処できるのか、ということについて考えていきたいと思います。

なお、巷《ちまた》にあふれている「国債発行に伴う経済混乱リスク」についての議論は、「国債をたくさん発行していくと、市場の投資家たちはこういう反応をして、その結果、こうなって、こうなっていきます――」というようなかたちで「予想」を論ずるものが主流です（「破綻リスク」や「国債暴落リスク」を論ずるものの多くは、こういうもののようです）。その一方で、「こうなった時にこうすると問題を避けられる」「こうなる前にこうしておくと問題を避けられる」というような「対処法」を論ずることは少ないようです。

少々込み入った話となりますが、この背景には、現代の主流派の経済学では、政府の関与を積極的に理論化しようとする議論（たとえば、ラーナーの機能的財政論）がほとんど活用されなくなっているという事情があるように思います。多くの経済関係の論者は、政府の積極的関与を想定しない（自由主義経済）理論を学んできたというケースが多く、国債の問題を論ずる時も、「政府にはどんな対処ができるのか」という論点がスッポリと抜け落ちてしまう傾向があるようです。

いずれにしても、国債発行による経済混乱リスクに対して何ができるのか、という視点からこの問題を考えていくと、日本国政府が持っている能力を総動員すれば二重、三重の取り組みで対処していけることが見えてきます。

繰り返しとなりますが、この問題はたいへん複雑な問題なので、ここでは「政府の対処」における最も大切な三つの要点だけを、簡潔に説明したいと思います（なお、読者の中には、こういう財政や金融の詳細については、特に関心をお持ちでない方もおられるかも知れません。その場合は、以下のいくつかの節は、すべて読み飛ばしていただいても本書の論旨はご理解いただけるものと思いますので、一四八頁の「間違いなく明るい未来になる選択とは」の節まで、お進みください）。

日本とギリシャの本質的な違い

国債発行に伴う経済混乱リスクでしばしば心配されているのは、政府の破綻（デフォルト）です。

破綻というのは、「国債の返済期限が来たときに、耳をそろえて返せなくなる」という問題です。

この問題を避けるための最善の方法は、いうまでもなく、返済期日が来たときのために、おカネを用意しておく、という方法です。

もちろん、返済の期日が来た時に、手元におカネがなければ、破綻の危機が訪れます。

しかし、日本国政府と一般の法人や世帯との決定的な違いは、日本国政府はこういう時には日本銀行から借りることができるというところにあります。具体的には、政府が国債を市中で販売すると同時に、日銀が市中で売られている国債を買っていくという方法がありま す。

そういう取り組みは一般に、金融政策といわれますが、とにかく、そういう金融政策が採用可能である限り、日本国政府は、一般の法人や世帯よりも破綻に陥るリスクを格段に低く抑えることができます。

ところで、近年ではギリシャ経済が破綻の危機に陥っていますが、これは、ギリシャはユーロでの負債を抱えている一方、中央銀行を持っていないことが原因です（ギリシャで使われている通貨はユーロであり、そのユーロの発行権を持つのはギリシャ政府ではなくEUなのです）。ところが日本はギリシャと違って、政府に一対一で対応する格好で日本銀行があるのです。これは、政府の破綻のリスクに対処する上で、たいへん心強いシステムということができます。

国債の暴落は防ぐことができる

このように、積極的な金融政策によって政府の破綻のリスクを下げていくことができるのですが、それとは別に、国債暴落というリスクが存在することも、しばしば指摘されています。

これはたとえば、東京電力の株価が原発事故後に暴落したように、ある日突然、何かのきっかけで、みなが持っている国債を一斉に売り出し、急に国債の価格が暴落していく、という現象です。

これが問題なのは、国債の場合は、価格が暴落するということは金利が高騰することを意味する点にあります。ですから、国債が暴落すると、負債の利息を返すだけで膨大な政府支出が必要となってくるのです。

この国債暴落のリスクを避けるためには、日本政府としては、いくつかの対処が必要となってきます。

少なくとも現状は、一〇〇〇兆円近くもの累積債務がある中で、国債の金利は非常に低い水準を続けています。これは、日本がデフレであるために、貸出先のない、大量の預金が銀行の中にだぶついている状況を反映するものです。その「だぶついている預金」は、未だに増え続けているところですので、少なくとも当面は、国債の暴落が考えられるような状況ではありません。

とはいえ、日本政府は立派な組織だという信頼が、ある日突然なくなってしまえば、みなが国債を投げ売りし出すようなこともあるかもしれません。

たとえばギリシャのように、ただ単に国民に媚《こ》び、あからさまに大衆迎合《げいごう》の路線をとり、税収を大幅に上回るような過度に贅沢《ぜいたく》な社会保障を支給し続ければ、投資家の信頼はどんどん失われ、誰も国債を買ってくれない、という状況に陥ることが危惧されます。

それを思えば、二〇〇九年の総選挙の時に掲げられた民主党のマニフェストに基づく財政は、そうした大衆迎合的な傾向が強いといわざるを得ないでしょう。実際、政権誕生二年目には、マニフェストに書かれた財政を進めることが不可能であったことを、政権自体が認めているところなのです。

ですから、そんな方針の財政を続ければ、国債暴落のリスクは、残念ながら徐々に大きなものとなっていくことが心配されます。

その一方で、経済成長を期待させるような財政が展開できるなら、仮に累積債務が大きなものとなっていくとしても、国債暴落のリスクが低下していくこともあり得るかもしれません。そもそも、累積債務が大きくなっても、経済が成長しGDPが大きなものとなれば、税収も増えるでしょうし、GDPに占める累積債務の割合は小さなものとなっていくからです。

とはいえ、一寸先は闇。

国債市場でこれから先にどういうことが起こるのかは、誰にも分かりません。

どれだけ政府が立派な政治を行っていたとしても、何らかのきっかけで、国債の投げ売りが始まり、国債の価格が下がっていく、つまり、金利が上がっていくという事態が発生してしまうかもしれません。

こんな時、国債の金利高騰を避けるために重要な役割を担うのが、やはり、日本銀行です。

そもそも、国債が暴落し、金利が高騰するのは、「多くの人々が国債を売り飛ばす一方、売られた国債を買う人が少なくなるから」（極端にいえば、「みなが国債を投げ売りする一方、誰も国債を買わなくなるから」）です。

なので、「誰かが売られた国債を買い続ける」ならば、国債が暴落することは防ぐことができます。

だからこそ日本銀行が、国債の暴落懸念が生じたときに積極的な役割を果たせば（あるいは最悪の場合には、売られた国債を基本的にすべて買い取っていく、という買いオペレーションを金融政策として実施すれば）、国債の暴落を食い止めることは、決して不可能ではないのです。

ハイパーインフレは起こらない

このように、政府の破綻や、国債の暴落というリスクは、日本銀行の適切な金融政策を中心とした対策を進めることで、限りなく小さくしていくことが可能となります。

しかし、それによって、新しいリスクが発生することが心配されます。

それが、しばしばメディア等でいわれる「ハイパーインフレ」です。

ハイパーインフレというのは、物価が瞬《また》く間に上昇していくような現象です。たとえば、第一次世界大戦後のドイツでは、戦争で生産施設の大半を失い、国内の生産自体が著しく低下していた中で、中央銀行がお札を刷りまくってしまい、パン一個がわずか一年で、二五〇マルクから、その一六億倍（！）の四〇〇〇億マルクとなるほどの状況となってしまいました。

さて、もしも、日本で国債の投げ売りが始まれば、そんな恐ろしいハイパーインフレが生じてしまうのでしょうか？

現在、日本政府の国債発行額は、おおよそ一〇〇〇兆円程度です。

たとえば、そのうちの三〇〇兆～四〇〇兆円程度の国債が何らかの契機に売りに出され、それをすべて日本銀行が買い支えたとしましょう（日銀や政府系の金融機関も保有していることを考えますと、三〇〇兆〜四〇〇兆円もの国債が一気に売りに出されるとは、現実的に考えがたいのですが、あえてここでは考えてみましょう）。そうすると、大量の紙幣が市中に流通することとなります。

しかし、三〇〇兆〜四〇〇兆円程度では、パンの価格が一年で「一六億倍」にもなるような、かつてのドイツのような事態が生ずることは、あり得ません。

とはいえ、ドイツのようになるとはいえないとしても、何か、日本経済にとってとても良くないことが起こってしまうのでは——というふうに心配される方も少なくないのではないかと思います。

ついては、その時どうなるのかを、改めて考えてみることとしましょう。

まず申し上げなければならないのは、その時の状況を、正確に予測することはたいへん難しいということです。経済や金融という現象は、極めて複雑なものだからです。

とはいえ、大雑把《おおざっぱ》に予想することならできます。

第一に、三〇〇兆〜四〇〇兆円ものおカネが市中に流通してしまえば、ドイツほどの水準でないとしても、物価が上昇していくインフレとなると予測されます。

では、そのインフレは、日本を大混乱に陥れることとなるのでしょうか？

もちろん、それについても、断定的に論ずることはできません。

しかし、万一そうなったとしても、それは必ずしも悪いことだとはいえない、という点は指摘できます。

そもそも、今の日本はデフレに悩んでいるわけですから、ある程度のインフレは、むしろ好ましいことですらあります。

さらに、三〇〇兆～四〇〇兆円の円の一部が為替市場に流れ込めば、円安が進むことも考えられます。そうなれば、現在、円高で苦しんでいる企業にとっては、それはむしろ朗報となることでしょう。

こうした背景から、デフレに悩んだ国家は、あえて中央銀行が市中から国債を買い上げ、市中に貨幣を流通させる、ということを金融政策として実施しているのです。

たとえば、アメリカの中央銀行（連邦準備制度理事会＝ＦＲＢ）は、リーマンショック後、たった二年で、日本円にして二三五兆円もの大量のおカネを、米国債を購入することを通して市中に供給しました。ＦＲＢはさらなるドルの供給を考えているともいわれています。

こうした点を考えますと、それだけの円の市場への供給は、逆に、日本にとって望ましい結果をもたらすことすら予測されるわけです。

とはいえ、あまりにそれが急激に進むと、やはり、日本経済は混乱に陥いることもあるかもしれません。

では、そんな急激なインフレによる混乱を和《やわ》らげる方法はあるのでしょうか？

もちろん、あります。

その代表的な方法が、増税と公共投資の削減という緊縮財政です。

要するに、インフレ封じ込めのためには、増税によって市中のおカネをできる限り吸い上げ、事業仕分けによって市中に供給されるおカネをできるだけ減らしていくわけです。

インフレになっても円安で復活

このように、国債の暴落による経済の混乱という異常事態が発生したとしても、日銀と政府が一体となって徹底的な対策をとっていくことで、国債の暴落を避けつつ、かつ好ましくないインフレを抑え込んでいくことが可能となるのです。

そして最後に、もう一つ付け加えるなら、そういうインフレの抑え込みに失敗したとしても、まだ、日本経済が終わるわけではない、という点です。

なぜなら、それだけ大量の円の供給は、確実に円安をもたらします。

そうなると、今度は国内の輸出産業が、大きく息を吹き返すこととなります。

こうしたことは、アジア通貨危機が生じた時に見られた現象です。

アジア通貨危機は大きな混乱をもたらした一方で、まさにその危機によって、皮肉にもアジア各国の輸出産業が、世界経済の中で躍進する契機を得ることともなったのです。

ですから、万一、ここまで述べたような政府と日銀のいろいろな取り組みが功を奏さなかったとしても、日本が円という自国通貨を持っている限り、日本経済は二度と立ち上がれないほどの打撃を受けるとは考えにくい、といえるわけです（たとえば韓国は、二〇〇九年に韓国通貨危機が生じましたが、すぐに回復し、日本では韓国経済に追い越されるのではないかという議論がしばしばされているほどでもあります）。

とはいえもちろん、その時に、日本経済は大きな打撃を受ける可能性も考えられます。

しかし、そんな為替の存在を考えれば、国債暴落の危機を迎え、過度なインフレの危機を迎え、かつ、それらの危機の抑え込みに失敗したとしても、列島強靱化を果たさないままに巨大地震の連発によって被るであろう激甚な被害を上回るほどに、日本経済が大打撃を受けることはほとんど考えられないともいえるでしょう。

間違いなく明るい未来になる選択とは

以上、少々丁寧《ていねい》に、一〇年間で一〇〇兆～二〇〇兆円程度の列島強靱化のための財源を確保することに伴って、どんな経済混乱リスクがあるのか、そして、そのリスクを抑え込んでいくためにはどんな取り組みがあり得るのかについて、説明しました。

もちろん、この話は先にも述べましたが、その高度な複雑さゆえに十分に理解できない方や、あるいは納得できない方がおられるのではないかとも感じています。

しかし少なくとも、次の一点だけは、皆さんに理解していただきたいと考えています。

それは、「列島強靭化の財源を確保することで政府の負債が大きくなり、それによって日本経済が混乱してしまうリスクは、確かにゼロではないものの、そのリスクを抑え込むための方法を、日本国政府はいろいろと持っているのだ」ということです。

どうやら、巷《ちまた》でいわれる政府の破綻や国債暴落、ハイパーインフレといった経済混乱リスクに関わるさまざまな言説は、この一点を、十分に念頭に置いていないように思えます。つまり、そんな経済の混乱は、「国債をたくさん発行すれば私たちに訪れる必然的な結果なのだ」と思われている節があるのです（そして、その背景には、現在の経済学理論における、政府の取り組みを無視するという特徴があることは、先に指摘した通りです）。

しかし現実的には、私たちは経済の混乱に対して、さまざまな対策を講ずることができるのです。

それはさながら、「巨大地震や津波に対して、インフラを強化したり、防災教育を進めたりすることを通じて、さまざまに対策を講じていくことができる」ということなのです。

そう考えますと、私たちが決めなければならないのは、要するに、次の一点だということが分かります。

「目先の経済混乱リスクに恐れをなして、何もせず、ほぼ無防備なまま、いつか必ず起こる超巨大地震の被害を受ける」という道を選ぶのか、それとも、「経済混乱リスクにも配慮しながら超巨大地震に立ち向かう」という道を選ぶのか、ということです。

この問題について、私たち日本人は、どちらを選択するのでしょうか？

この問題について、筆者は、どうなるのかを予想することはできません。

しかし、少なくとも、次の二つはいえるだろうと感じています。

第一に、日本人が平和ぼけを続ける限り、前者の「経済混乱リスクを恐れて、何もしない」という道を選ぶに違いない、ということです。

改めて説明するまでもないですが、「地震なんて多分ないだろうし、起こってもきっと大したことないだろう」と思っていれば、無理をして毎年一〇兆円から二〇兆円もの財源を確保して、経済混乱リスクにも配慮しながら、適切な列島強靱化対策を進めていく、なんていうような面倒くさいことをするとは考えられないからです。

それが証拠に、平和ぼけの象徴ともいえる民主党政権は、「経済混乱リスクを恐れて、何もしない」という選択をし続けています。無論、そんな選択の行き着く先には、「デフレが深刻化し、そのうち巨大地震が発生して、日本は貧困国の仲間入りを果たす――」という暗い未来が待ち受けていることでしょう。

しかし第二に、もし、日本人が平和ぼけから覚醒するなら、後者の「国債を発行しながら列島強靱化を果たし、それと同時にさまざまな財政・金融政策を図っていく」という道を選択する可能性が、ぐっと高くなることは間違いないでしょう。

もちろん、「列島強靱化の諸対策を大規模に推進すると同時に、さまざまな財政・金融政策を組み合わせながら経済混乱リスクに対処していく」というのはとても面倒くさいことですが、超巨大地震が発生することは、科学的にほぼ明らかなわけですから、平和ぼけから覚醒すれば、その面倒な道を選択する他なくなるに違いありません。

そしてもしも、そんな未来を日本が選択すれば、その選択は間違いなく明るい未来へとつながっていくことでしょう。そもそもイバラの道を歩むのは、今はイバラでも、その先には明るい未来が待っているに違いないと、みなが信じているからなのですから――。

少子高齢化の人口減少国家でも成長できる

では、そんな列島強靱化に向けたイバラの道の先には、どんな明るい未来が待ち受けているのでしょうか？

第一に、巨大地震が来て日本がメチャクチャになってしまう、という最悪の事態を避けることができる、という消極的な意味での明るい未来です。

しかし、このイバラの道の先には、そんな消極的な意味だけでなく、積極的な意味でも明るい未来が待ち受けています。

それは経済成長という、明るい未来です。

以下、本章では、列島強靱化による経済成長の可能性について考えてみたいと思いますが、そのためにもまず、我が国が置かれている状況を少し振り返ってみましょう。

——日本の（名目）ＧＤＰは、一九九七年の五一六兆円という水準をピークに、ぴたりと成長を止めてしまいました。そして、二〇一〇年には、四七九兆円という水準にまで縮小してしまいました。

こうした状況を踏まえて、「もう日本は経済成長なんてできない」「これからは成熟社会、低成長社会だ」ということが、まことしやかにいわれるようになってきました。

そして、巷では、その理由としてさまざまなことが挙げられています。

その代表的なものが、「中国や韓国などの途上国はガンガン経済成長することができるが、日米欧等の先進国は、もう大きな経済成長なんて望めないんだ」という俗説です。

図表14　各国の名目GDPの推移

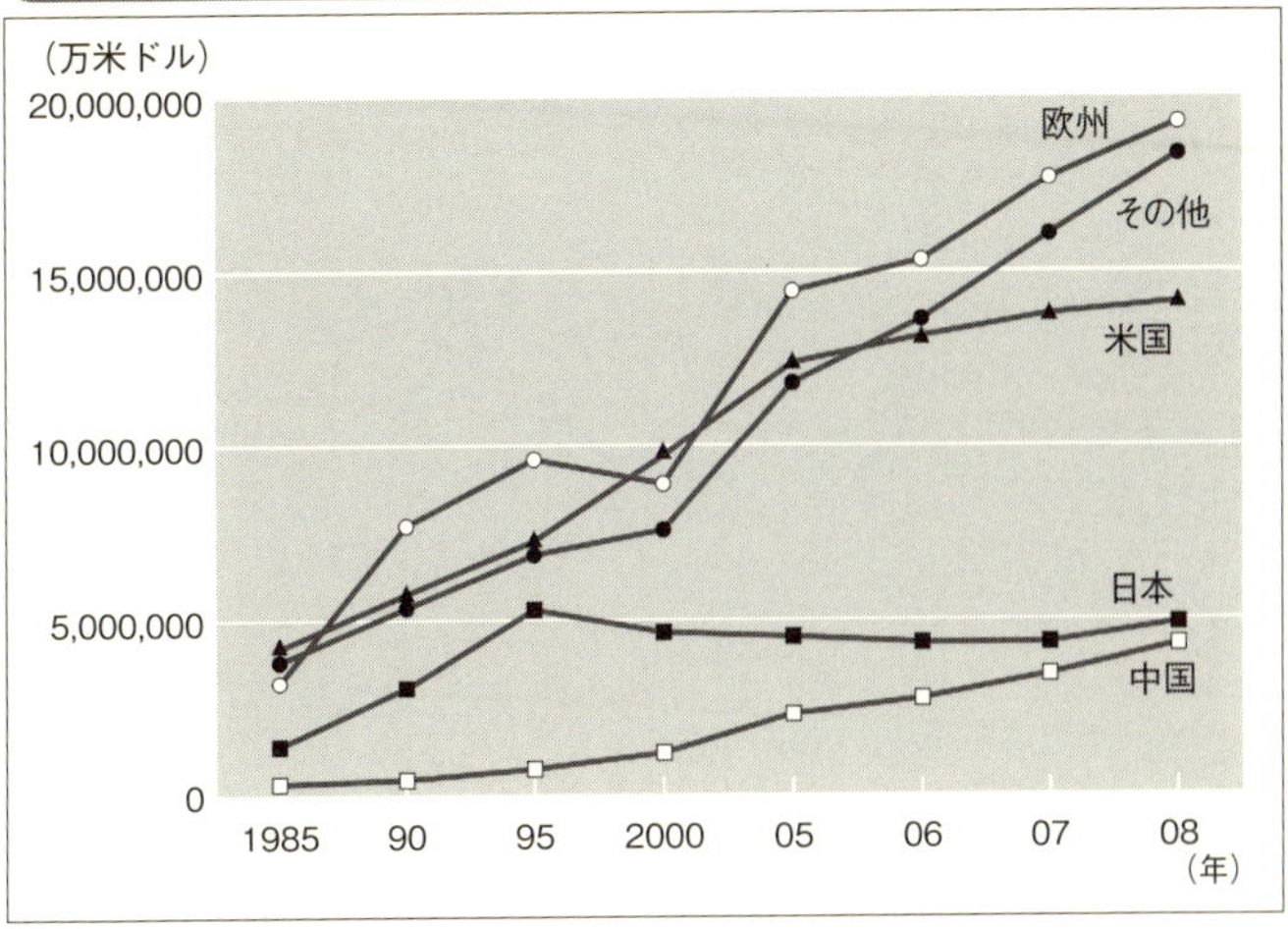

しかし、このイメージは実態とはかなり異なっているものです。

一五三ページの図表14をご覧ください。これは、世界各国の名目GDPの変化、つまり、経済成長の推移を示したものです。

ご覧のように日本は、ここ一五年ほど経済成長を止めてしまったことが分かりますが、そんな国は、世界中で日本だけであることも分かります。中国やその他の国々と同様に、アメリカもヨーロッパの国々も、しっかりと経済成長を続けています。つまり、「経済成長できるのは途上国だけで、先進国は経済成長できない」というのは、事実無根の単なる俗説に過ぎないのです。

それ以外にも、最近では、「少子高齢化が進み、人口が減っていく日本には、もう経済成長なんてできない」という俗説が口にされることも増えてきたようです。たとえば、ベストセラーともなった『デフレの正体』（藻《も》谷《たに》浩《こう》介《すけ》著）は、その典型例です。

ところが実際には、ドイツやロシアは高齢化が進み人口が減ってきているのに、経済成長しているのです。これは、高齢化が進んだり人口が減ったりしても、一人あたりの供給や需要が伸びれば、その国の経済は成長することがあるからです。つまり、人口減少や高齢化は、経済停滞の理由には必ずしもならないのです。

こうしたことを考えると、「日本はもう、経済成長できないんだ」という説には、きちんとした根拠がないのではないか、という疑いが頭をもたげてくることとなります。

おそらくここ十数年の間、経済成長ができなかったという事実を、みなが事後的に、追認的に、後知恵的に説明するために、経済の停滞は変えることができない現実なのだと勝手に思い込んでしまったのではないかと思います。

そもそも人間は、何年も、十何年も同じ状況におかれていたら、変えようと思えば変えることができる場合であっても、変えることなんてできないんだと頭から信じ込んでしまう傾向を持っているようです。

今の日本は、まさにその状況に陥っているようです。

テレビでも新聞でも雑誌でも、国会でも、そしてあろうことか学会の中でも、「日本は経済成長なんてできない――」という言説が充ち満ちています。そして、「日本は先進国だから、もう経済成長なんてできないんだ」「少子高齢化の人口減少時代を迎えた日本は、もう経済は停滞してしまうんだ」と、経済の素人《しろうと》から玄人《くろうと》に至るまで、毎日毎日つぶやき続けています。

そして、そんなつぶやきが日本中に充満し、日本経済はもうダメだけど、しょうがないことなんだという、何ともいえないイヤな雰囲気に日本中が覆われつつあるのです。

しかし、日本経済の停滞を導く避けがたい本質的な原因なんて、本当はどこにもないのです。うまくやりさえすれば、先進国でも成長できるし、少子高齢化の人口減少国家でも成長できるのです。

強《し》いていうなら、もう成長なんてできないんだという「思い込み」こそが、日本の経済停滞を導く本質的な原因となっているのです。

何とも馬鹿馬鹿しい話です。

改革は経済成長を導くか？

では、もしも本当に日本にまだ経済成長する力があるのだとするなら、その力はどうすれば開花するのでしょうか？

おそらく、多くの国民が信じているのは、改革なのだと思います。日本の古い体質を変えなければ、日本の経済成長はあり得ない、だから、抜本的な改革が必要なのだ――という類《たぐい》のイメージです。

しかし、このイメージは二重の意味で、現実と乖離しています。

第一に、奇蹟《きせき》とすらいわれた、かの高度成長は、日本の体質によってもたらされたものであることは、疑いようのない事実です。そしてその体質は古くからあるものですから、日本の古い体質によって高度成長は成し遂げられたわけです。ですから、日本の古い体質を変えなければ、日本の経済成長はあり得ないなんてことは、そもそも考えられません。

第二に、橋本龍太郎《はしもとりゅうたろう》政権下での行政改革、小泉純一郎《こいずみじゅんいちろう》政権下での構造改革、そして、民主党政権下での事業仕分けはみな、そんな日本の古い体質の改革を果たそうとしたものですが、その結果、日本は一切成長しなかった、というのが現実です。

図表14（一五三ページ）を改めてご覧ください。むしろ、そんな改革をやり始めた頃から、日本経済は停滞し始めているわけです。そんな改革の中でも一番古い橋本行政改革は、一九九六年から始まっているのですが、まさにその頃から、日本のデフレは決定的なものとなっていったのです。

もしも改革が成長を導くなら、一五年間も改革を続けているのにぜんぜん成長できていないという現実を上手に説明する方法は、なかなか見あたりません。

もちろん、多くの国民も、多くの政治家も、そして、多くの経済学を専門とされる方々も、未だに「それは違う、改革が足りないから、経済成長できないんだ」と考えておられるのではないかと思います。

しかし、冷静に、きちんと論理的に考えれば、そんな言説こそが間違っているに違いない——という可能性が見えてきます。

改革こそ経済停滞の原因

そもそも、現在の日本の経済の停滞の原因は、ほとんど誰もが認めているようにデフレです。

デフレとは、単純にいいますと、需要（人々がモノを買ったり、いろいろな企業が投資をしたりする時の出費の総和）よりも、供給（国内で売られているサービスやモノなどの値段の総和）のほうが多い時に生ずる現象です。

言い換えれば、供給と需要との間にギャップ、つまりデ、フ、レ、ギ、ャ、ッ、プ、がある時に生ずるのが、デフレです。

そんなデフレギャップがあれば、供給が余ってしまい、モノの値段は下がっていきます。

そうすると企業の収益が減っていって、企業で働く人々の所得が減ります。

そうなるとまた、人々はモノが買えなくなるので、需要がさらに減る——という具合に、螺旋《らせん》状に物価が下がっていきます（これが世にいう「デフレ・スパイラル」ですね）。

そして、それと同時に、人々の所得も減ります。そしてそのうち倒産する会社も増え、その結果、失業者も増えていきます。

こうして国内総生産（ＧＤＰ）も下がり、税収も少なくなってしまうのです。

これが、デフレという問題です。

一言でいえば「デフレギャップがある」というだけで、人々の所得が下がり、倒産や失業者が増え、ＧＤＰは下がり、税収も少なくなり、政府の財政も悪化してしまうのです。

つまり、デフレという病は、本当に日本経済にとって深刻で重篤な病なのです。

しかし、その病を治すことは、意外なほど簡単です。

そもそも、その病の原因はデフレギャップです。ですから、そのデフレギャップを埋めさえすれば、この病を治療することができるのです。

たとえば、アルコール依存症や栄養失調という症状は健康に重大な問題をもたらしますが、その解消は意外なほど簡単な場合もあるのです。アルコール依存症の治療のためには、酒を飲むのをやめれば良いし、栄養失調解消のためには、食事でも点滴でもいいから栄養を補給すれば良い。

ところが、アルコール依存症の人にもっと酒を飲ませたり、栄養失調の人にダイエットさせたりすれば、症状は悪化してしまいます。

「不況解消のために、改革を！」という二〇年近く続けられてきた政策方針は、まさに、アルコール依存症の人に飲ませる酒であり、栄養失調の人に強《し》いるダイエットだったのです。

理由を説明しましょう。

そもそも、デフレの原因はデフレギャップの存在です。ところが、構造改革や自由化というタイプの改革は、さまざまな自由化を推し進め、規制を撤廃し、供給を増やしていきます。そうすると、デフレで悩む牛丼市場に牛丼店がさらに増えるようなもので、デフレギャップがますます膨らんでしまい、結果、デフレは深刻化します。

その一方で、事業仕分けや公共投資の削減といったタイプの改革は、結局は国内の需要を削減してしまいます。これもまた、デフレギャップを膨らませ、デフレを深刻化させるのです。

つまり、橋本政権や小泉政権、そして民主党政権が推し進めたさまざまな改革は、いずれも需要を減らし供給を増やす、デフレ促進策のようなものだったわけです。

改革は今日の不況に対する処方箋《しょほうせん》であるどころか、原因ですらあった。そしてその証拠が、図表14（一五三ページ）に示されている、日本一国だけが経済成長をぴたりと止めたという事実だと考えることができるのです。

列島強靱化を進めるとどうなる

栄養失調の人には栄養補給が必要なように、デフレの日本にはデフレギャップを埋めることが必要なのです。

そう考えると、第三章で詳しく紹介した震災復興、各地の新幹線や鉄道の整備、さまざまな建物やインフラの耐震補強、国産エネルギー開発——などを行う年間一〇兆～二〇兆円規模の列島強靱化のための一〇ヵ年計画を進めていけば、自ずとデフレギャップは埋められることになります。

そして日本は、二〇年近くも悩まされ続けたデフレという重篤《じゅうとく》な病から、ようやく回復することができると期待されるのです。

そうなると、日本のGDPは、図表14（一五三ページ）のように五〇〇兆円前後をウロウロとする状態から脱することができ、再び成長し始めるようになります。

もちろん、そんな成長を支えるためには、適切な国債の金利管理や金融政策、税制対策を講じていくことが必要です。そんな適切な対策を講じていった時には、日本のGDPはどの程度になるのでしょうか？

おそらく、日本の名目ＧＤＰは、おおよそ一〇年後に六〇〇兆円から九〇〇兆円程度になるだろうと見込まれます。

筆者がそう考えている理由を、以下に簡単に説明したいと思います。

そもそもＧＤＰというのは、（貿易収支を別にすれば）国内の消費と投資の合計値です。そして、投資の中には、民間の投資と公共の投資があります。したがって、（他の条件が一定である限り）公共投資を一〇兆円行えばＧＤＰは最低でも一〇兆円は大きくなり、一〇〇兆円行えば最低でも一〇〇兆円大きくなります。

さらに公共投資を行うと、民間におカネが回りますから、今度は民間がそのおカネを使うことになります。その出費は、民間の投資であったり、民間の消費であったりすることになります。

つまり、一〇兆円の公共投資は、ＧＤＰを一〇兆円上げるだけでなく、場合によっては、二〇兆円や三〇兆円のＧＤＰの増進につながることもあるのです。

このように、公共投資の効果が何倍にも膨れあがって経済を刺激し、ＧＤＰをより大きなものに成長させていく効果は乗数効果と呼ばれています。

だから、この乗数効果によって、一〇〇兆円から二〇〇兆円の列島強靭化のための公共投資を行えば、日本のＧＤＰは六〇〇兆円や七〇〇兆円、場合によっては、九〇〇兆円程度になることが予測されるのです。

九〇〇兆円に成長するＧＤＰ

公共投資によって景気を刺激する方法を考える上では、この乗数効果がどの程度のものなのかを知ることが重要となります。

図表15をご覧ください。

この図は、マクロ分析モデルの日本の第一人者である宍戸《ししど》駿太郎《しゅんたろう》先生がとりまとめられたグラフです。これは、日本でさまざまに開発されている分析モデルを使って、「一％の公共投資（約五兆円）を行った場合、ＧＤＰがどの程度増えるのか」を計算したものです。少々分かりづらいかも知れませんが、このグラフが意味しているのは、五年もたてば、多くの場合、ＧＤＰは一・五％（つまり、七・五兆円程度）から、大きい場合は三・五％（一七・五兆円程度）増えるということです。

つまり公共投資の乗数効果は五年後の時点で一・五〜三・五％程度であるものと予想されるわけです。

そう考えますと、毎年一〇兆円から二〇兆円の公共投資を一〇年続ければ、単純計算すれ

図表15　いろいろな分析モデルによる公共投資の乗数効果の推移

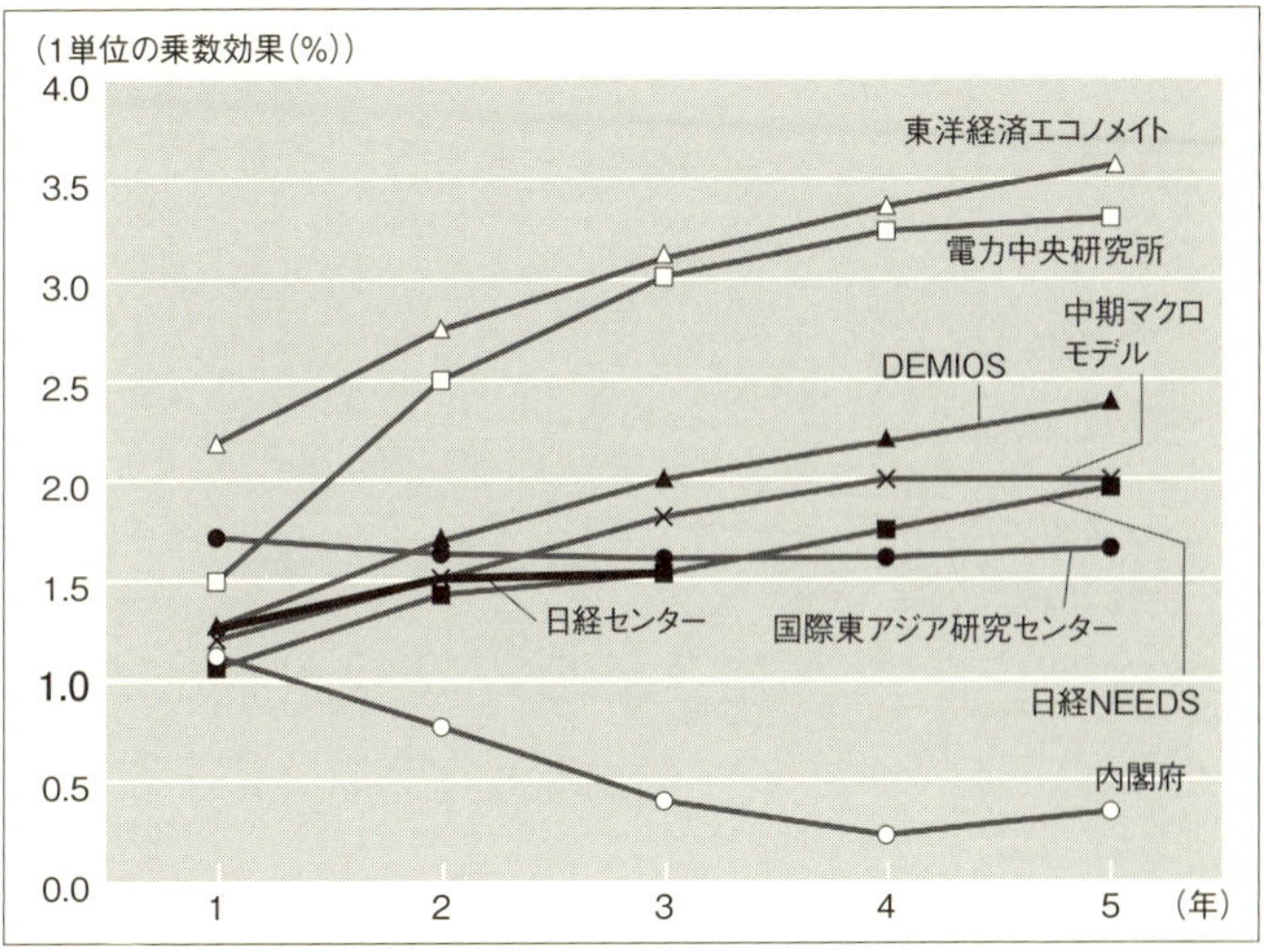

ば、日本の実質GDPは少なくとも六〇〇兆円程度になることが考えられるわけです（なお不思議なことに、民主党政権が使っている内閣府モデルだけは、他のすべてのモデルと異なり、公共投資を増やすと景気が悪くなるような結果が出るようです。ですが、ご覧のように、そういう結果はかなり特異な「あるいはオカシな？」ものといえそうです）。

　そして、列島強靱化でつくられたインフラが各地の経済活力を活性化する方向に働くようになれば、その経済成長はさらに大きなものとなります。図表15にも紹介されているDEMIOSという（グラフの中では中程度の乗数効果を算定している）モデルを用いて、二五〇兆円規模の公共投資を一〇年間で行った場合には、一〇年後には、名目GDPは九〇〇兆円弱程度（実質ベースで八〇〇兆円弱）になるという計算結果が示されています（図表16をご参照ください）。

「増税なき財政再建」が可能に

ここまで経済が成長すれば、日本におけるさまざまな問題の多くが快方に向かうことは間違いありません。

第一に、多くの経済学者や政治家、そして国民がいつも気にかけている「財政問題」が大きく改善することとなります。

仮に列島強靱化のために二〇〇兆円の建設国債が増え、全体で一二〇〇兆円程度の負債になっていたとしても、たとえばGDPが八〇〇兆円であるなら、累積債務はGDPの「一・五倍」（＝一二〇〇／八〇〇）に過ぎない、ということとなります。現在の累積債務約一〇〇〇兆円というのは、GDP約五〇〇兆円の約二倍ですから、メディアや格付け会社などがよく口にする「GDPに対する累積債務の割合」という尺度が改善するわけです。

また、GDPが八〇〇兆円にもなれば、当然ながら税収も大きくなります。消費税はいうに及びませんが、法人税もまた、各法人の業績が改善することで増えることとなります。そもそも、デフレ不況の現在、実に七割もの法人が法人税を支払っていないわけですから、法

図表16　マクロ経済シミュレータDEMIOSによる予測計算結果

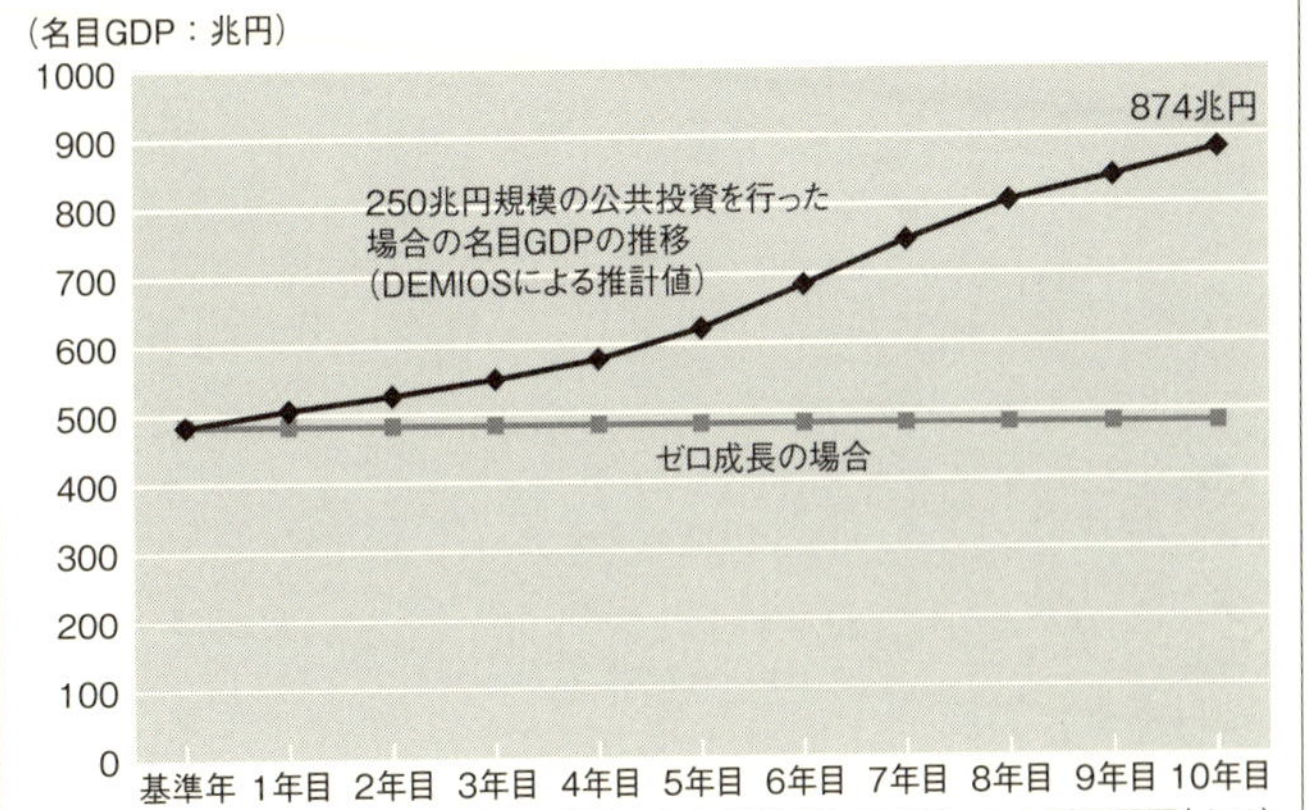

(宍戸駿太郎「大震災後の日本経済再生のビジョンと財源問題」より)

人税が急激に増え、増税などしなくても税収が増えるわけです。いわば、二〇世紀後半に盛んにいわれていた、「増税なき財政再建」が現実味を帯びてくるわけです。

そして第二に（これは定義上自明でありますが）、国内の倒産が減少し、失業者が減り、国民一人一人の所得が増え、各企業の収益も増えていくこととなります。そして、一人一人が豊かな暮らしを享受することが可能となっていくのです。

一方で、各法人はさまざまに投資をしていくので、少子高齢化時代であっても一人あたりの生産性をさらに増やすことが可能となり、一人の労働者で、よりたくさんの老人の暮らしを支えていくことも可能となるでしょう。

第三に、ここまで内需が拡大すれば、人々の国内消費や国内投資が盛んになります。その一方で、国内企業は輸出などしなくても国内で十分商売ができる可能性が膨らんできます。ですから結局、日本の貿易収支は、輸入が増えて輸出が減る方向にシフトしていくことでしょう。

そうなると、為替市場で「円を売る必要」が「円を買う必要」を優越していくことになりますから、必然的に円安傾向となっていきます。

すると逆説的にも、国内産業だけでなく、結局は輸出産業も栄えることとなり、ますます、日本の国際競争力がついていくわけです。

第四に、日本がそれだけ大きな経済力を持った国になれば、諸外国への影響力も、一定程度、保持し続けることが可能となるでしょう。そういう国力の増進は、さまざまな領土問題に対しても良質な影響を及ぼしていくことが可能となるかもしれません。

そして第五に、強靱化した日本は、激甚なる平成・関東大震災や西日本大震災によって数百兆円規模のダメージを受けたとしても、その被害が致命傷とはなりがたいということにもなるでしょう。

このままデフレが続き、日本のＧＤＰが三五〇兆円程度のときに、三〇〇兆円や四〇〇兆円にも上るような凄まじい被害を受ければ、もはや日本は、その傷を癒す力を持っていないということになるかもしれません。しかし、列島強靱化を果たし、八〇〇兆円程度のGDPにまで成長していれば、仮に三〇〇兆円や四〇〇兆円にも上るような被害を受けても十分に回復する地力を、我が国は持つ結果になるといえるでしょう。

さらにいうなら、そもそも強靱化のためのさまざまな投資を行っているわけですから、被害は半分程度に抑えられ、一五〇兆円や二〇〇兆円程度に減災されていることも期待されます。すると、超巨大地震の連発を受けても、ますます我が国は強靱に、しなやかになり、瞬く間に復活を遂げることが可能となるでしょう——。

日本の未来が明るい四つの視点

巷では、「先進国になった日本はもう二度と経済成長なんかできない」「少子高齢化が進み、我が国は成長を目指すのではなくて、成熟した社会を目指すしかない」「これから日本のGDPは世界で六番目や七番目まで墜《お》ちていくだろう、でもそれは仕方ないことなんだ」といった論調が、テレビでも新聞でも雑誌でも書籍でも、はたまた、あらゆる会議や学会、はては喫茶店や居酒屋や喫煙ルームの中で、毎日毎日、それこそ日本中で繰り返されています。

ですから、筆者がここでお話ししたような、「日本はまだまだ、成長する」という明るい未来像を信ずる人は、ほとんどいないのではないかと思います。

でも、よくよく考えてみれば、日本の明るい未来は現実的に考えられるのです。

その理由を、再度、簡単に取りまとめておきます。

第一に、デフレ下にある日本は、適切な金融政策（円の市中への供給）と財政政策（一〇〇兆〜二〇〇兆円規模の公共投資）を行うことでデフレを脱却し、（人口が増えようが減少しようが）経済成長を期待することが可能となります。

第二に、それが証拠に、人口が減っていても成長している国家はあります。そして、日本以外の先進国であるヨーロッパもアメリカも、確かに経済成長を続けてきたのです。

第三に、公共投資をした場合にGDPがどの程度増えるかという分析モデルを踏まえるなら、民主党政権が活用した内閣府モデル以外のすべてのモデルが、毎年一〇兆〜二〇兆円の公共投資を行えば、少なくとも名目GDPが六〇〇兆円程度に、また、適切な投資ができれば九〇〇兆円程度に成長することが示されているのです。

そして、第四に、それだけの公共投資のために国債を発行しても、適切な金利管理を怠らなければ、「政府の破綻」「国債の暴落」と呼ばれるような最悪の事態を避けることは可能となるのです。

とはいえ、読者の中には、「確かに、そういう明るく、豊かな日本の未来はあり得るだろうと思う。しかし、現在の政治の状況や大手の新聞やテレビの論調を踏まえるなら、公共投資を増やして、日本を成長させるというようなことなんて、できないんじゃないか――」というふうに、悲観されている方がおられるかもしれません。

しかし、戦後という時代に、東西の冷戦構造と地震静寂期の二つのシェルターに守られ、昏睡《こんすい》状態に至るほどに平和ぼけを続けてきた我々日本人は、一九九一年のバブル崩壊からの二〇年間、長いデフレ不況を経験し、挙げ句に東日本大震災や福島原発事故に遭ったという経験を踏まえ、ようやく平和ぼけから覚醒しつつあると思います。

この覚醒が本物なのか否か、未だ予断を許さぬところではありますが、この平和ぼけの覚醒が成就される限りにおいて、我々の眼前に、明るく、豊かな未来が立ち現れてくるであろうことは間違いありません。

その兆候は、すでに、言論界において見られ始めています。四〇代以下の世代の中から、大手メディアが喧伝《けんでん》するような予定調和的な論調とは異なった、しかしだからこそ「真実」を含む言説を語る論者が数多く現れているということは、すでに紹介した通りです。

中央政界の新しい潮流とは

そうした流れは、日本の命運を担う政界においても、確かに、見られるようになっています。たとえば、長らく与党を続けてきた一方で、二〇〇九年の選挙の結果、野党第一党に下野した政党（すなわち自由民主党）の、政策大綱からも窺《うかが》い知ることができます。

二〇一一年七月、自由民主党は中長期的な政策大綱「日本再興」を取りまとめましたが、その政策大綱の基本的なビジョンとして掲げられているのが、「強くてしなやかな国、日本」というスローガンでした。

いうまでもなく、「強くてしなやかな国」とは、本書のタイトルでもあるレジリエンスある国を意味するものです。

この政策大綱の中には、本章でこれまで述べてきたようなGDPの成長が重要な政策目標に掲げられている一方、巨大地震に対する対策としては、次のように記述されています。

「1000年に1度といわれるこのたびの東日本大震災を経験し、改めて4つのプレートの境界上に位置するわが国が、現在、地震の活動期にあることに思いを致せば、今後10年以内に発生する可能性の高い首都直下型地震、今後20年以内に発生する可能性の高い東海・東南海・南海地震に備えるため、少なくとも今後10年間は、最優先の課題として強力に減災対策を推し進めることにより、国土全体の強靱化を図らなければならない」

いうまでもなく、この政策方針は、本書の主張とまったく同じものだということができるでしょう。

さらに、そうした大きな公共投資のための財源については、次のように記述されています。

「デフレ期間中は、建設国債を発行して真に必要な公共事業を進め、デフレ脱却のタイミングで平常水準に戻し、財政再建に重点を置くことが必要である」

この考え方も、本書の議論と軌を一《いつ》にするものです（二〇一一年一〇月には、自民党政務調査会の中に「国土強靱化総合調査会」がつくられ、本書で論じている列島強靱化の考え方を政治における最重要課題と位置づけた検討が開始）。

一方、民主党政権は、「コンクリートから人へ」というマニフェストを掲げて政権交代を果たした政党ですから、こうした方向に、針路を一八〇度転換していくことは難しいところではないかと思われます。が、東日本大震災を経験した今、「コンクリートから人へ」の路線に対しては、大きな見直しが入ることは間違いない状況であるとも考えられます。

そうなれば、それこそ挙国一致で、強く、しなやかな国を目指していくという流れも、現実的な展開として考えられることとなります。

いずれにしても、我が国の前途が多難であることは論を俟《ま》ちませんが、少なくとも、自民党の基本的な政策方針は明確に列島強靱化論と大きく重なりあうものと考えられます。そして、遅くとも二〇一三年（場合によっては二〇一二年）には訪れるであろう政権選択選挙等を通して、その方向で政局が展開していく可能性は、十二分に予期されます。そうなれば、本章で論じたような明るい未来が生ずることになるでしょう。

こうした中央政界の新しい潮流と、日本列島を強靱化しようとする日本国民の潜在的な思いが重ねあわされれば、日本経済が本当に強靱化されていくこととなるのです。

つまり、強靱でしなやかな、レジリエンスある国を手に入れ、たび重なる巨大震災をも乗り越え、経済が成長していく明るい近未来は、確かに、わたしたちのすぐ近くまできているのです。あとはわたしたちがそこまで自らの手を伸ばすことができるかどうか、それにかかっているといえましょう。

第五章　分散化で豊かになる地方都市

強靭化した日本社会はどうなる

長らく平和ぼけの中で昏睡状態にあった我が国日本は、長く続いたデフレ不況、東日本大震災による激甚な被害、そして、確実に発生する平成・関東大震災と西日本大震災の二つの大災害に対する危機感によって、ようやく「平和ぼけからの覚醒の時代」を迎え、近い将来に日本列島の強靭化《きょうじんか》が進められる——これが、筆者がイメージする、明るい日本の近未来です。

そんな近未来には、長らく続いた低成長・マイナス成長の時代からようやく脱却し、六〇〇兆円、場合によっては九〇〇兆円程度というGDPにまで伸びた成長社会が訪れることとなります。

では、そうして訪れた成長社会の中で、わたしたちの前に現れる暮らしとは、いったいどのようなものなのでしょうか？

ここでは、もう少し具体的に、強靭化した日本社会はどんな様子なのかを、考えてみたいと思います。

これまで、日本中の地方都市の多くが、疲弊《ひへい》し続けてきました。その一方で、東京、大阪、名古屋といった大都市だけが一人勝ちのような状況を続けてきました。

その背景には、地震対策について何も考えず、ただひたすらに平時の効率性を求めるという姿勢が、政府にも民間にも広く浸透してしまっていた、という状況があったように思います。そして、その姿勢の下、政府も民間も、都市部へ集中投資していくという流れが長く続けられてきました。

しかし、今、政府も民間も、日本が地震活動期に入ってしまったことをさまざまに理解したようです。だからこそ、平成・関東大震災と西日本大震災が恐れられる首都圏や太平洋ベルト地帯の諸都市を始めとした地域にだけ投資を続けていては、企業、さらには国家の存続そのものが危ういだろうということを、本気で考えるようになっています。

そんな流れの中で、第三章で紹介したような、新幹線を始めとした大型の公共投資についての議論が、さまざまな地域で始められています。

繰り返しとなりますが、本州と北海道は新幹線で一気につながることとなります。そしてこれが、北方交流圏（青森―函館―札幌―旭川を中心とした圏域）を形成していくわけです。

新潟から富山、金沢を通り、京都・大阪に至る日本海側に北陸新幹線が開通することになり、これが、北陸交流圏（新潟―富山―金沢を中心とした圏域）を形作ります。

一方、島根や鳥取といった山陰地方では、山陰線が高速化され、複線化される動きが加速します。それと同時に、山陰地方と山陽地方とを結ぶ伯備《はくび》線が（ミニ）新幹線化され、また、岡山と高松の間も新幹線化されるプランです。そして、こうした鉄道投資が、中国四国交流圏（山陰―山陽―四国を結ぶ圏域）の骨格をなすことになります。

九州では、博多から大分の間に新幹線が開通されると同時に、大分と宮崎の間の日豊線も高速化されていきます。そしてこうした投資が、九州全域の一体化をもたらし、九州交流圏を形作っていくこととなるでしょう。

これに加えて、たとえば近年、ロシア、中国との交易が盛んになりつつある新潟には、大型の港湾投資が進められるでしょうし、これまで投資されずに放置されてきた九州の西側や山陰地方の高速道路の整備も進められることとなるでしょう。

こうした投資は、地震対策（あるいは、ＢＣＰ）を本気で考え出した企業の立地選択上の魅力度を大いに上げていくことになります。そして実際に、企業や工場の移転、分散化を促す効果をもたらすでしょう。

地方を豊かにすることが都市を守る

東京や大阪、名古屋の読者の中には、「そんな地方部への大型投資なんて、本当に必要なのか?」「そんなものを、地元の人々は本当に望んでいるのか?」というように感ずる方が多いかもしれません。

実際、首都圏で七年間勤務した以外は、京阪神都市圏にずっと住み続けている筆者にとっても、北海道や九州、北陸、四国、山陰といった地方の人々の思いに触れる機会は、ほとんどありませんでした。ですから、多くの読者が地方部での公共投資についてピンと来ないとしても、それはそれでよく分かるような気がします。

ですが、ここ最近、仕事でいろいろな地方に出かけ、それぞれの地域の街づくり、地域づくりのお話を伺う機会が増えてきました。そうしますと、先に紹介したさまざまな鉄道や道路や港を望む地域の声が、本当に切実であることを、ひしひしと感ずるようになってきました。

たとえば、そんな一例として、宮崎県についてお話ししたいと思います。

筆者が宮崎を訪れた際、宮崎という所は、本当に陸の孤島のような地であることが、痛いほど分かりました。

皆さんご存じの通り、宮崎は、大分と鹿児島に挟まれた県です。

京阪神都市圏や首都圏に住み慣れた筆者からすれば、宮崎市から隣の県の大分市や鹿児島市に行くのなんて、数十分くらいのものかと思いきや、運行本数が少なく、かつスピードの遅い単線の鉄道路線しかないため、鹿児島まで行くのに二時間、大分まで行くのには何と三時間もかかるのです。

では道路が便利なのかというと、道路もまた、きちんと整備されてはいない様子でした。九州の西側には立派な高速道路が通っているのですが、大分と宮崎の間には、何十年も前から高速道路をつくる計画があるものの、実際には、ほとんどつくられてはいないのです。だからクルマで大分に行くのにも、やはり三〜四時間もかかってしまうのです。

仕事なんてしないで、ただ単に宮崎でのんびりと暮らすのなら、そんな道も鉄道も要らないじゃないか、とお考えになるかもしれません。しかし、都市が都市として成り立つためには、そこに、いろいろな産業があり、いろいろなビジネスが成立しなくてはいけないのです。

ここまで陸の孤島の状況であれば、昔ながらの付き合いのある企業以外は、なかなか、この地に立地しようとは考えないでしょう。そして、さまざまな都市とつながり、それゆえにビジネス・チャンスに恵まれているような周辺の都市との落差が、年々、広がっていくこととなってしまうのです。

だから宮崎の人たちは、何十年も前から計画されている高速道路の計画の実現や鉄道の利便性向上を、こころから願ってきました。

たとえば、前宮崎県知事の東国原英夫《ひがしこくばるひでお》氏も、知事に就任してから一貫して、道路建設を中央に訴え続けてきたことをご記憶の読者も少なくないと思います。

同じような思いを、島根や鳥取の人たちからも、金沢、富山、福井の人たちからも、そして、札幌や旭川の人たちからも、何度も聞いたことがあります。

こうした各地の人たちは、三大都市圏を中心とした地域への大規模な投資を横目にしながら、ひたすら、今か今かと、新しい投資を待ち続けてきたのです。

しかし、そんな投資が遅れれば遅れるほどに、最初はわずかな差しかなかったはずなのに（富山や金沢や徳島といった街々は、明治時代には人口ベスト一五の都市だったのです！）、そのうち取り返しがつかないほどの格差が、大都市との間に生じてしまったのです。

そしてあろうことか、今度は、その「格差」を言い訳にして、「もう、投資なんてしない」と日本中からいわれる羽目に陥ってしまった。

こんな話が、裏切りや詐欺に見えてしまうのは、筆者だけでしょうか――。

そもそも、格差が広がったのは、政府が投資をしなかったからです。にもかかわらず、今やその格差そのものを理由にして、もう投資をしない、といっているわけです。それなら、端《はな》から投資なんてする気はなかった、地方なんて見捨てるつもりしかなかったのだ、と疑われても仕方ないのではないでしょうか。

――しかし。

そんな不平等で不公平な地域間の格差の拡大が、日本全体の脆弱化《ぜいじゃくか》をもたらしたのです。今や、たび重なる巨大震災を凌《しの》ぎきるようなしなやかで強靱な国にするために、過度に集中した都市部から地方部への移転を促し、分散型の国土を築きあげていくことが切実に求められているのです。

ですから今日では、地方の都市を豊かにしていくことは、その都市だけを益することではなくなったのだということができます。

つまり、都会も地方もすべてひっくるめた日本という国そのものを巨大地震から護《まも》るためにも、地方を豊かにしていくことが必要となっているのです。三大都市圏を始めとした大都会が激甚な被害を受けたときに、被災地を助けるためにも、日本各地に豊かな地方都市が存在していることが必要なのです。

ですから、今や、三大都市圏を始めとした大都会は、これまでろくに投資もしないで栄養失調にさせてしまった地方都市に対して、申し訳ない気持ちを持つ必要があるのではないかと思うのです。

そして、その非礼を詫びた上で、（恥を忍んで）自分自身が激甚な被害を受けた時にはぜひ救援を頼みたいというお願いを、すべき時なのではないでしょうか。

そしてその上で、「一緒に、それぞれの立場で、この国をもり立てようではありませんか」と協力を呼びかけるべき時なのではないでしょうか——。

もちろん、すべての日本人が、そんな殊勝《しゅしょう》な心構えにいきなりなるとは思えません。しかし、三・一一東日本大震災に続く、平成・関東大震災、西日本大震災の二つの巨大地震に思いを馳《は》せる、平和ぼけから覚醒した日本人が増えれば増えるほど、そういう殊勝な心構えになる傾向が、少しずつ増えていくのではないかと思うのです。

新幹線の駅がある地方都市の駅前は

では、そんな大きな鉄道や道路や港に対する公共投資が、第三章で紹介した列島強靱化（あるいは強靱化基本法）の考え方の下、一〇年間で一〇〇兆円から二〇〇兆円規模で推進されたとすれば、北海道から九州、沖縄に至る日本全国の街々はどのようになっていくのでしょうか？

ここでは、そんな近未来に実現するであろう、地方の都市の姿を考えてみたいと思います。

まず、それだけの大きな公共投資があれば、現在、三大都市圏に集中している人口や工場・企業が、少しずつ地方の諸都市に分散していくこととなります。

さらには、今まで国内投資、とりわけ地方部への投資が貧弱であったために、中国やインド、ベトナムなどへの企業・工場移転が行われていたことに一定の歯止めがかかり、地方部の立地が促進されていくでしょう。

そうなると、地方部の人口減少に歯止めがかかります。そして、この人口減少下の日本にあって、人口が増えていく都市が現れることも考えられます。

そんな「人口の増加」には、三つのソース（源泉）があります。

第一のソースは、大都市圏からの流入です。

そもそも、この日本列島を強靱化するにあたって、国土構造の分散化が必要であるからこそ、地方にさまざまに公共投資をすることが検討されるわけです。また大都市圏の企業が（BCPの観点から）、より地震のリスクが低い地域にも事務所や工場を設けようと考える傾向が強くなっているわけですから、大都市からの人口の流入は、地域によって程度の差こそあれ、確実に進んでいくでしょう。

ちなみに、この文章を書いている筆者はまさに今、東海道新幹線に乗車しているのですが、ふと前を見ると、車内の電光掲示板に、BCPを専門に取り扱う業者の広告が流れていました。BCPなんて三・一一以前には、一般の広告では絶対に見ることのない専門用語であったことを思えば、隔世の感を禁じ得ません。

さて、第二のソースは、地方部において、人口が、郊外部から中核都市へと流入してくるという流れです。

そもそも、この数十年の間に、徹底的なモータリゼーション（クルマ依存傾向の進展）が日本全国を覆ってきたのですが、その間に、全国各地の都市で、人々が電車やバスがある街《まち》中《なか》から、電車もバスもない、クルマでしか外出できないような郊外へと転出していく現象が進行しました。

こうして日本中の都市の中心部は、空洞化しました。そして、実に多くの街で、中心部の商店街が寂れていき、シャッター街と呼ばれるような閉塞的な状況が見られるようになっていきました。

しかし、列島強靭化のための投資は、新幹線を中心とした、都市間の鉄道に対して行うものです。そうした都市間の鉄道の駅は、好むと好まざるとにかかわらず、自ずと人口を吸引していくこととなります。

たとえば北関東には、高崎市や宇都宮市という新幹線の駅を抱えた街があります。それらの街々を訪れる機会があれば、ぜひ、駅の周辺がどんなふうになっているかをご覧になってください。そもそも北関東は、モータリゼーションが徹底的に進行してしまった地域として専門家の間では有名な地域です。したがって、高崎や宇都宮という街々も、驚くほどクルマ依存傾向の高い街です。

ところが、そんなクルマ王国の街であっても、駅前には実に多くのマンションが建ち並んでいます。これは、「都市と都市を結ぶ鉄道路線の駅」の、大きな人口吸引力を示すものです（好例として、富山市の事例が挙げられるのですが、それについては、後ほど改めてお話ししたいと思います）。

地域活性化で人口増も

このように、新幹線を始めとする鉄道への投資は、その駅の周辺部に、大都会からばかりではなく当該の都市の郊外部からも、たくさんの人口を吸引することとなります。

しかし、鉄道投資が人口増をもたらすのは、以上に述べた二つの理由からだけではありません。実は、短期的には分かりづらい効果なのですが、中長期的には、極めて本質的な人口増をもたらす最も重要な原因がもう一つあります。

それは、出生率の向上です。

つまり、それぞれの家庭で生まれる子供の数が増えていくことが、地方都市の人口増をもたらす最も本質的な理由であるわけです。これが、地方の都市により多くの人口をもたらす第三のソースです。

人口減少が避けられないのは、今の日本の運命だ——とお感じの読者もおられるかもしれません。

一般に、不況というものは、それぞれの家庭で何人の子供をもうけるかという問題に対して、極めて深刻な影響を及ぼすものです。この問題については、なかなか説得力のある例が思い当たらないので、恥を忍んで我が家の例を紹介することとします。

我が家には三人の子供がいます。中三、小六、小三の三人です。

最後の子供が生まれた時は、日本がここまで深刻な閉塞状況に追い込まれているわけではないと（少なくとも筆者は）感じていたのですが、ここ数年間の経済低迷の深刻さは、まったくもって洒落《しやれ》にならない水準です。

ですから、子供の将来のことをよくよく考えてみると、こんな沈没しかけの日本国家に子供を遺していくことは、わざわざ不幸になる人間を増やしてしまうことになるのではないか——というのが、筆者の偽らざる心境です。

だから、そんなふうに心配すればするほど、以前にくらべると、今の多くの親たちは子供をもうけようという気持ちが、ずいぶん少なくなっているのではないか……と痛いほどに分かるのです。

その一方で、景気が好転し、先行きが明るくなるなら、子供をもうけようかと考える人も増えるでしょうし、一人しか子供を産まないと考えている人々が、もう一人、もう二人欲しいと考えることだってあり得るでしょう。

それを思えば、デフレ不況のために日本中に広まっている経済の先行き不安なるものが、出生率を大きく低下させる重要な原因になっていると分かります（実際、出生率が景気の動向に左右されることは、人口経済学や人口学の常識です）。

いずれにしても、もしも列島強靱化のための大きな投資が日本中で行われ、地方部への人口流入も始まり、それぞれの地域の経済が活性化すれば、それぞれの地域で出生率の低下が鈍化し、場合によっては上昇していく傾向が見られ始めることが予想されるわけです。

もちろん、仮にそういう効果があったとしても、それがすぐに人口増に結びつくというものではありません。

しかし、長期的には、出生率の上昇は、それぞれの地域活力を、とても深いところで活性化していく最も重要なソースとなることは、間違いないのです。

乗数効果とは別の経済効果とは

ところで、出生率の上昇をさえもたらすような経済の活性化は、本当に、さまざまな地方で始まっていくのでしょうか？　この点について、筆者はもちろん、あり得ると考えています。

なぜなら、全国で一〇〇兆円から二〇〇〇兆円規模の公共投資が行われるなら、地方都市の経済は、確実に活気づいていくこととなるからです。

筆者がそう考えているのには、次の三つの理由があります。

第一に、新幹線や道路、港を始めとしたさまざまな公共投資は、それぞれの地域の経済を大きく刺激することとなります。それぞれの地域に数百億円や数千億円、あるいは数兆円規模の投資が行われるとすると、その分のおカネが、まずは、その公共投資に直接関わる企業の収益となり、その企業に勤める人々の所得になります。

そうしますと、その企業も、そして、そこに勤める人々も、さまざまなかたちで、そのおカネを使うこととなります。たとえば、一〇〇億円の公共投資が行われたとするなら、その一〇〇億円のうちの数十億円のおカネが、再びその地域の中で使われていくことになります。そして、おカネを受け取った人はまた何かに使うことを通して誰かにおカネを渡し、そのおカネを受け取った人はまた別の機会におカネを使い――ということを通して、地域全体の経済の中で、おカネがグルグルと回っていきます。

そして、一〇〇億円の投資によって、数年の間、その地域のＧＤＰ（ＧＲＰ〔Gross Regional Product〕ともいわれます）が累計で数百兆円程度増える、というような効果をもたらすこととなります。

つまり、公共投資は、政府から直接おカネを受け取る建設を始めとした特定の業種の人々だけでなく、地域全体のさまざまな業種の人々におカネを循環させていくきっかけとなるのです。

この循環が、先にも触れた、公共投資を行うことによる乗数効果というものです。これが、列島強靱化によって経済が活性化する第一の理由です。

しかし、列島強靱化のためのさまざまな公共投資がもたらす経済効果は、こうした「短期的」な効果だけではありません。この短期的な効果は、各所に波及効果をもたらすこととなります。これが第二の理由です。

たとえば、その一例として、飲み屋さんの事例を考えてみましょう。

大きな公共投資が数年続き、その間、地域経済が一〇〇億〜二〇〇億円分、活気づいたとします。

そうしますと、その飲み屋さんは、得られた儲けを使って新しい什器《じゅうき》を入れたり、お店を改装したり、広くしたりすることにもなるでしょう。

つまり、景気が良くなったことで、新しい民間の投資が進められるわけです。その結果、そのお店で、よりたくさんの人々にサービスを提供することも可能となります。

つまり、民間の投資が進められたことによって、供給力・生産力の増進が実現するのです。

こうしたことがすべてのお店で進めば、その土地の歓楽街は、どんどん大きくなっていきます。そうしますと、大きくなった歓楽街は、より多くの人々を呼び寄せることともなっていきます（こうして、いろいろな都市で、歓楽街が成長していったわけです）。

こうなると今度は、先に触れた乗数効果とはまた異なった経済効果が生まれることとなります。

つまり、経済が活性化して、新しい投資が進められれば、その投資によってその地域の魅力が増し、さまざまな人々を呼び寄せ、経済がさらに活性化するわけです。

この飲み屋さんの話は、あくまでもサービス産業の例ですが、同じようなことが、いわゆる一次産業や二次産業でも生じ得ます。

経済が活性化すれば、さまざまな商品やサービスに対する需要が増えます。そうすると、その需要を満たすための産業が、先の飲み屋さんの例と同じようにして成長していくこととなります。

なお、もう一つ付け加えるなら、こうして地域の経済が豊かになっていくと、自治体の税収も当然増えていきます。そうしますと、地方行政の閉塞感も薄まっていき、福祉やバス交通、上下水道や道路といった行政サービスの質も、それぞれの地域で少しずつ改善していくこととなるでしょう。

地方の街で人口が増えるのか

こういう話を聞けば、「それはバブル期までの日本の話であって、今の少子高齢化の日本じゃ無理なんじゃないか?」とお感じの読者もおられるかもしれません。

確かに、少子高齢化の時代には、先に示したような公共投資による急激な経済成長は見込めないかもしれません。実際、乗数効果は、この平成の時代、かつてよりも減少してきているとしばしば指摘されているところです。

しかし、かといって、乗数効果がゼロになったわけでは決してありません。

先の図表15(一六三ページ)の例でも示したように、乗数効果が存在することは、間違いありません(なお繰り返しになりますが、民主党政権が使っている内閣府モデルだけは、オカシなことにそれが「ない」ということになっているのですが)。

ですから、それぞれの街に、数十億円、数百億円という投資が行われれば、人口が減ろうが増えようが、やはり、数十億円や数百億円の経済活性化効果があることは、否定しようにも否定しがたいのです。

あるいは、「人口が増えないのに、なぜ経済は成長するのか？」と不思議に思う方もおられるかもしれません。

しかし、人口が変わらなくても、一人一人がたくさんのおカネを使うようになれば、巡り巡って一人一人の所得は増えていきます。そして、一人一人の所得が増えれば、（たとえば買い物の量を増やしたり質を高めたりして）一人一人がますますおカネを使うようになる――というサイクルを通して、経済が成長していくのです。だから、人口が減ったとしても、経済が成長することはあり得るわけです。

たとえば、みなが毎日お米だけを食べている状態から、肉や魚、野菜を使ったさまざまなおかずと一緒にお米を食べるような状態になれば、あるいは、みなが軽自動車に乗っている状態から一〇〇〇ccや二〇〇〇ccのクルマに乗るような状態になるだけで、人口が変わらなくても（あるいは減少していようとも）経済が成長することとなるのです。

とはいえ、人口の流入があれば、経済の活性化はより大きく進むことは間違いありません。なぜなら、より多くの人が移り住んでくれれば需要も供給も拡大し、経済そのものが大きくなっていくからです。

では、地方の街で人口が増えることはあり得るのでしょうか？

もちろん、それはあり得ます。

そもそも、「国土構造の分散化を目指した列島強靱化のために一〇〇兆円から二〇〇兆円規模の公共投資を行う」のなら、地方都市の人口の減少に歯止めがかかり、場所によっては増えていくこともあるということは、先に述べた通りです。これが、地方都市の経済が活性化していく、第三の重要な理由です。

繰り返しとなりますが、その切り札の一つが、新幹線を中心とした鉄道への数兆円規模の投資です。鉄道投資が先行して進められてきた太平洋ベルト地帯や山陽地方の街々が大きく発展したように、大きな都市間の鉄道の駅の周辺に人々が移り住んで来ることとなるわけです。

そして、もう一つの切り札が高速道路や港の整備です。これもまた繰り返しとなりますが、これによって、それぞれの地域への工場や企業の誘致が徐々に実現していく。そしてそれが、その地域の雇用を生み、人口の流入を促し、地域経済を成長させていくという好循環になるわけです。

企業の海外流出を止める方法

ところで、「国内企業は確かに工場などの移転を考えているが、今や移転先の第一候補に挙がるのは、国内というよりむしろ海外ではないか?」という声を聞くことが増えてきました。

実際、防災対策を強化する以前に、海外移転を考えると回答する企業が多い、という報道もしばしばなされています。

もしも本当に企業の海外流出が進んでいけば、日本の産業が空洞化し、ボディーブローを受け続けるように国の基礎的な体力が蝕《むしば》まれていくことになるでしょう。そして、本章で述べてきたように、日本中の地方都市が活性化していくという未来をイメージすることが、徐々に難しくならざるを得ません。

実際、日本のデフレ不況が長く続く限り、国内企業の海外流出を促し続けている円高もまた、改善されることはないでしょう。

そもそも、デフレは国内の世帯や法人の需要、すなわち内需が縮小している状況です。そのため、日本がデフレである限り、わざわざ海外の品物を買おうとする人はどんどん少なくなり、結果的に輸入が減少していくこととなります。その一方で、国内企業は、需要が少ない国内ではなく、国外の市場を狙って輸出をどんどん増やそうと努力します。

その結果、デフレが進めば進むほど、輸入が相対的に減っていく結果となり、さらにその結果、為替市場での円買いが促されることとなります。

そして最終的に、こうした円買いが進むことによって、円高がますます進行してしまうのです。

つまり、円高基調の最も根本的な原因の一つがデフレというわけです。

そして、円高が日本企業の海外移転と国内産業の空洞化の根本原因であるという点を踏まえるなら、内需の縮退、言い換えるなら、デフレこそが、日本企業の海外移転と国内産業の空洞化の根本的な原因となっているのです。

ところが、列島強靱化のための一〇〇兆円から二〇〇兆円規模の大型公共投資が進み、内需が拡大してデフレを脱却できれば、事態はすべて逆方向に進展していくこととなります。

すなわち、円高圧力が低下して円安の方向に変化し、その結果、国内企業の海外流出にも歯止めがかかっていくわけです。

したがって、もしも日本の国全体が超巨大地震に対する危機感を募らせ、政府が中心となって列島強靱化に向けた旺盛な投資を進めていけば、国内経済は活性化し、企業の海外転出の流れを食い止めることができるわけです。

太平洋ベルト都市圏は世界の憧れの的に

こうした話は主としてマクロ経済に関するものでしたが、列島強靱化はいうまでもなく、日本各地の産業立地の魅力を高めるものでもあります。ですから、これもまた、国内企業の海外流出に歯止めをかける重要な理由となります。

第一に、列島強靱化のための各種投資は、地震や津波による被害を、現状よりも小さなものにすることが目的です。このことは、国内の各企業が海外移転する際の、重要な動機の一つが小さくなることを意味します。

そして第二に、強靱化のための高速道路や港や新幹線・鉄道への投資は、各地でのさまざまな経済産業活動の円滑化、効率化に寄与します。たとえば、国内向け、海外向けの輸送コストを大きく下げることになりますし、あらゆる商談や打ち合わせの利便性を高めることにもなります。

列島強靱化によって、企業にとっての日本国内の魅力が高まるという点について、最も典型的なリニア中央新幹線の開通を例にとって、より詳しく考えてみましょう。

リニア中央新幹線の開通は、東京―名古屋―大阪を一時間で結ぶこととなります。そんな超大型投資は、中国や韓国やシンガポールといったアジアの諸都市を含めた世界中の都市圏と、太平洋ベルト都市圏との比較の中で、太平洋ベルト都市圏の魅力を、飛躍的に高めます(そうした魅力の向上を確実なものにするためにも、東海地震対策に配慮しながらも、たとえば大阪、京都、名古屋といった既存の大都市に、可能な限り迅速に高速交通を通していくことが重要であることは論を俟《ま》ちません)。

そして列島強靱化の大型投資によってデフレを脱却し、日本国内の需要が旺盛となったとするなら、その中心は間違いなく太平洋ベルト都市圏です。したがって、太平洋ベルト都市圏の超巨大な需要は、世界中の企業の垂涎《すいぜん》の的となることでしょう。それだけ「おいしいマーケット」が日本国内にできあがれば、これも日本企業の海外移転の流れを低下させる重要な要因となります。

もちろん国内的には、列島強靱化の取り組みが推進されれば、太平洋ベルト都市圏に立地する必要性がそれほど高くない企業や工場では、太平洋ベルト都市圏外への立地が促進されていくことでしょう。

しかし、世界的な視野で活動するグローバル企業にとっては、太平洋ベルト都市圏の内か外か、ということが判断要素ではなく、日本か日本以外かという選択を考えているのが実態です。したがって、世界的な視野から眺めた時に、世界中のあらゆる都市と比較した上でも特に魅力的な都市圏が日本国内に存在するということ自体が、極めて重要なわけです。リニア中央新幹線を中心とした太平洋ベルト都市圏に対する大型投資は、グローバル企業が日本を立地場所として選択する動機となるのです。

一方で、各企業は、ＢＣＰの観点からは、本社機能を（たとえば東西で分散させながら）太平洋ベルト都市圏内に立地させ、工場等のさまざまな生産施設は地震のリスクの少ない太平洋ベルト都市圏外に展開させることになるでしょう。

つまり、太平洋ベルト都市圏内への投資は本社機能を国内にとどめることを促し、太平洋ベルト都市圏外への投資は地方における工業立地等を促すのです。そして、それを通して、①国土構造の分散化を果たして太平洋ベルト都市圏外の日本各地の地方部を発展させていくと同時に、②太平洋ベルト都市圏の内側のさらなる高度化を期することが可能となるのです。

つまり、現在の太平洋ベルト都市圏と全国各地への適切な投資を同時に行うことで、国内企業の海外流出を食い止めると同時に、分散型の国土の形成を促していくことが両立するのです。

交通機関が都市を魅力的に変えた富山

さて、これまでは、鉄道、道路、港といった大規模な公共投資を中心に述べてきました。筆者は、こうした投資を行うだけでも、国内企業の海外流出を食い止めると同時に、地方部において人口の増加や企業立地の分散化などが進むことは間違いないだろうと考えています。

しかし、そんな流れをより大きなものにしていくためには、「都市そのものへの投資」が必要であることは、論を俟たないところです。

そんな都市そのものへの投資の中でも、とりわけ、地方都市への分散化を促すために重要な投資は、それぞれの都市が持っている魅力の増進です。

たとえば、日本の中でも最も先進的な「交通まちづくり」を進めてきた富山市の森雅志《もりまさし》市長から、次のようなお話を聞いたことがあります。

「こんなことがあったんです。ある企業が富山市に移転することになったということで、その担当の方とお話ししました。そうすると、どうやら、わたしがぜんぜん知らない間に、バス一台借り切って、その会社の社員の奥様たちを連れて、市に視察に来たそうです。その結果、奥様方にたいへん気に入られて、ここは社員の家族にとっても良い町だということになり、富山市への移転が決まったとのことです。

普通、企業の立地というと、港とか道路とかが必要だとしか考えないわけです。もちろん、港や道路が必要なのは当たり前ですが、今の時代、家族の暮らしやすさにもちゃんと配慮して、都市の魅力を上げておかないと、企業立地は進まないんだなぁと思った次第です」

このお話しは、列島強靭化を通してこころ豊かになる日本という、筆者のイメージにぴた

図表17　新しいタイプの路面電車「LRT」が走る富山市の街中の風景

りと一致する内容でしたから、たいへん印象深くお聞きしたことを覚えています。

そもそも、富山市は、北陸新幹線が近い将来に開通することが決定された都市です。

そして、それに併せて、都心の利便性を高め、魅力的にするために、都心部に約六〇億円を「公共投資」してまったく新しいタイプの路面電車（一般に、LRT［Light Rail Transit］といわれます。図表17の写真をご覧ください）を整備することが決断されました。

そして、今でもそのLRTを拡張していく投資が続けられています。

さらには、鉄道駅の周辺に人々を呼び込むために、駅周辺にさまざまな優遇策を展開しています。

その結果、これまで、モータリゼーションの流れの中で徹底的に郊外化してきた街のかたちが、今、少しずつではありますが変わり始めています。そして、人々の住まいが駅前に集まり始めているというデータも得られています。

そんな中で、二〇一一年三月一一日に大震災が起こりました。

富山市は、太平洋ベルト地帯の諸都市や首都圏よりも、圧倒的に地震の少ない街です。ですから、まさかの巨大地震に対する危機感を募らせた（そしてＢＣＰを本気で考え始めた）企業の移転候補先の一つに挙げられることになったのです。

そして、新幹線への投資という都市間への大きな公共投資と、ＬＲＴという都市内への大きな公共投資によって、ビジネスや産業の面からも暮らしの面からも魅力を上げていた富山市は、企業の誘致という点において、たいへんな強みを持つことになりました。

しかもその強みは、富山市が志向している「交通まちづくり」が目指す、文字通りこころ豊かな暮らしの中にあったわけです。

それは、ただ単に合理的な暮らしや便利な暮らしを目指すものではありません。それは、たくさんの人が集まり、賑《にぎ》わいある街を目指すものでした。あるいは、「隣近所ともろくに挨拶《あいさつ》もしないような素っ気ない暮らし」ではなく、「豊かなコミュニティの中での、ふれあいある暮らし」を目指すものでした。

そんなこころ豊かな街づくりを、新幹線の開通という全国的なスケールの巨視的な公共投資を軸としながら、確かなビジョンの下で始動させたのですが、その中心が、「交通まちづくり」だったのです。

新幹線は街づくりの魚礁

さてこの富山市の取り組みは、列島強靭化により、強くしなやかでこころ豊かな国づくりを行う上で、実に重要なことをいくつも示しています。

第一に、適切で大規模な公共投資により、確かに都市は豊かに発展することがあるのだ、ということが分かります。

六〇億円のＬＲＴは確かに高価な買い物です。しかし、それがあればこそ、富山の街のイメージは確かに変わり、街づくりの方向が明確に定まったのです。

そして何より、そんな六〇億円もの投資を呼び込んだ直接のきっかけは、北陸新幹線という数千億円から一兆円を超えるような規模の大型公共投資だったのです。つまり、列島強靭化のための数千億から数兆円規模の地方部への投資は、それぞれの都市を大きく発展させる重要な起爆剤となり得ることが、この富山の例が実際に指し示しているわけです。

第二に、森市長がおっしゃっているように、今や企業の誘致のためには、企業活動を直接的に支援していくための投資を進めるということに加えて、豊かな街づくりも含めた多面的な投資活動が有効である、ということも示されています。ですから、こういう街づくりが全国各地で展開されていけば、確かに国土構造の分散化が可能となっていくことが予測されるのです。

そして第三に、「コンクリート」を使う公共投資は人に優しい、ぬくもりのある街をつくることができるのだ、ということが示されているように思います。

少し前に盛んに口にされた「コンクリートから人へ」という選挙スローガンが暗示するように、コンクリートを使う公共事業は、人間のぬくもりを蹂躙《じゅうりん》する冷たく無機質な取り組みであって、ぬくもりのある「人」からは対極的なところにあるというふうに、多くの人々が感じてきたのではないかと思います。

しかし、この富山の例は、コンクリートは賑わいある街、ぬくもりある街をつくるために必要とされていることを教えてくれます。

そもそもLRTは、コンクリートや鉄でできた交通システムであって、それは公共事業でつくられます。さらに、それを呼び込んだ新幹線計画も、同じくコンクリートや鉄でつくられるものです。

こうしたことを話している時にいつも思い出すのが、魚礁《ぎょしょう》のイメージです。

魚礁というのは、海中の岩やサンゴ礁などの集まったごつごつした場所です。そんな場所にはたくさんの生物が住むようになり、それにつられて、いろいろな種類の魚が集まるようになります。

普通、魚礁は自然にできあがるものなのですが、実は、人工的に作り出すこともできるのです。いわゆる「人工魚礁」というもので、よい漁場や釣り場を意図的に作り出すことを目指して、コンクリートの塊《かたまり》を海の底に沈めるのです。

もちろん、コンクリートの塊を沈めても、最初は単なる異物であって、しばらくは魚は寄りついてきません。

しかし、時間が経つにつれて、コンクリートの一部が砂で埋もれていったり、徐々に海藻が生えてきたりして、海底になじんでいきます。そして、小さな生物が住み始めます。すると、それを追って小魚が住むようになり、またその小魚を狙って大きな魚も来るようになります。こうして一年か二年も経てば、そこに立派な魚礁ができあがるのです。

いうまでもなく、その中心にあるのはコンクリートという無機質で人工的なものです。しかし、その無機質なコンクリートがあって初めて、そこに魚礁という有機的な自然物ができあがることになるのです。

先に紹介した富山市の新幹線やＬＲＴといったコンクリートと鉄でできた公共物は、この人工魚礁のようなものだと筆者は思います。そんな公共物は、それそのものでは、単なるコンクリートや鉄の塊であって、場合によっては無駄なものにすら見えることもある。しかし、それがつくられることで、たくさんの生物や魚が暮らす魚礁ができあがるように、さまざまな人々が暮らし働く街ができあがるのです。

その最も典型的な例が、図表11（一〇九ページ）に示した、現代の政令指定都市と新幹線の関係です。新幹線という巨大な鉄とコンクリートの塊に、たくさんの魚が寄ってきてつくりあげた「巨大な魚礁」こそが、太平洋ベルト地帯や山陽地方の新幹線沿線の街々なわけです。そして、その現代的な地方都市の事例の一つが、富山市の交通まちづくりであり、それによってつくりだされた図表17（一九九ページ）の写真のような賑わいのある風景なのです。

もちろん、もともと魚がいない海域にいくらコンクリートの塊を沈めても、良質な魚礁はできません。ですから、土地の状況を何も考えずに、とにかく公共事業をやりさえすれば、そこに豊かな街ができあがるとは、当然ながらいえません。

しかし、状況を適切に判断しながら、適切な場所に、適切なコンクリートの塊を沈めれば、そこには間違いなく良質な魚礁ができあがるのです。同様に、適切な場所に適切な公共事業を行えば、街は豊かになっていく――。

「本来の日本らしいかたち」へ

——以上、いかがでしょうか。

列島強靱化という明確なビジョンの下、適切な公共投資を行っていくことで、日本各地の地方都市において地域経済は活性化し、産業も発展し、失業者も減って、人々の所得も少しずつ上がっていく。と同時に、街中に人が集まり、人口も増え、そして、街そのものが、賑わいあるこころ豊かなものに変わっていく——これが、筆者が思う近未来の地方都市の姿です。

中には、ここで述べた近未来像の明るさゆえに、にわかには信じられないという気分になられた読者もおられるかもしれません。

しかし、ここで述べたことは、すべて実現します。そして、それらはみな、巨大地震の連発に対して備える列島強靱化の超大型投資を適切に推進することで、自ずと実現するのです。

列島強靱化に向けた、日本国が総力を挙げた取り組みは、ただ単に地震に対して強靱な国家に仕立て上げることに留まりません。それは、日本経済を豊かにし、これまで民間からも政府からも忘れ去られてきた地方都市に、さながら「魚礁」を沈設することを通して、豊かさを実現していくものでもあるのです。

いうなれば列島強靱化は、二〇年にも及ぶデフレの中で閉塞しつくした地方都市が息を吹き返すきっかけをもたらし、過去六十有余年の戦後という時代の中で「いびつに歪《ゆが》んでしまった日本の国土のかたち」そのものを、「本来の日本らしいかたち」に回帰させていくものでもあるのです――。

第六章　災害ユートピアとは何か

震災後に現れるこころ温まるコミュニティとは何か

ここまで列島強靱化《きょうじんか》が経済に及ぼす影響を考えてきましたが、本章では、より広く社会に及ぼす影響について考えてみることにしましょう。

まず、震災についての社会学研究では、震災後に人と人との絆《きずな》によって、こころ温まる社会空間が形作られることが知られている——そんな話から本章を始めたいと思います。

一般に、そうした温かい社会空間は、アメリカのノンフィクションライター、レベッカ・ソルニットの本の邦題から「災害ユートピア」と呼ばれています。

大震災は、わたしたちの日常生活を根底から破壊するものです。

そうなると、社長も社員も、お店の人も銀行員も、学校の先生も無職の人も、みんな、それまでの社会的な地位がいったん、すべてキャンセルになってしまいます。そして、誰も彼もが、一様に被災者になります。

そして、多くの人々が近しい人々を喪《うしな》う悲しい状況に、一様に突き落とされてしまいます。それと同時に、生き残った人々はみな、この破壊された街や村を何とかもとに戻したいという気持ちを、一様に抱くこととなります。

つまり、被災者全員が、それまでの地位や役割が何であるにせよ、みな、同じ境遇に陥るとともに、同じ目標意識を持つに至ります。

ここに、生き残った被災者たちはみな、強烈な共同体意識を持ち、そして、その強い共同体意識の下、みんながみんなを思いやり、助け合う、たいへんにこころ温まるコミュニティができあがることとなります。

これが、「災害ユートピア」と呼ばれる現象です。

こういった温かいコミュニティは、普通は被災地の中で生まれるものではありますが、三・一一東日本大震災のような、国全体に強烈な被害をもたらすような大きな震災の場合には、日本国全体に、そういう温かいコミュニティが形成されることとなります。

たとえば、国というものは、その存続を脅《おびや》かす亡国の危機が迫ったときに、国民同士の絆が非常に深まり、国全体の一体感が高まることが、古い社会学の研究から明らかにされています（デュリュケーム、一八九七）。

もちろん、こうした災害ユートピアや、国家的な危機が迫ったときに高まる共同体意識または同胞意識、あるいは絆は、時間の経過とともに徐々に薄れ、もとの普通の日常的な社会のかたちに戻っていくこととなります。

しかし、いったんユートピアをくぐり抜けた社会、いったん危機をくぐり抜けた国は、以前のコミュニティや国家のかたちとまったく同じに戻るわけではありません。その前と後では、社会のありように、質的な変化が生ずるものです。

たとえば、震災前にはお互い知らない者同士であった人々に、震災後の助け合いを通じて絆が生まれ、平時に戻った後もその絆が、何らかのかたちで続いていくということが起こります。

祇園祭と貞観地震の関係

加えて、被災した人々は、この大震災を後世に語り継いでいかなければならないという意識を共有することとなります。そして、その共通意識が地域のコミュニティの一体感を高めることにもなります。そんな思いは、「此処《ここ》より下に家を建てるな」という津波に対する教訓の石碑にかたちを変えたり、震災の日に毎年開催される慰霊祭というものになったりします。

たとえば、三・一一東日本大震災でも、そうした石碑で助かった人々がたくさんいたことが報告されていますし、阪神・淡路大震災が発生した一月一七日には慰霊祭が行われ、震災で亡くなった方々を偲《しの》ぶ式典が開催されています。

日本ではそうした風習は古くからあり、たとえば日本三大祭の一つである京都の祇園祭は、一〇〇〇年に一度といわれた東日本大震災の約一一〇〇年前にあたる、平安時代に東北地方で起こった貞観地震《じょうがんじしん》（八六九年）がきっかけで始められたお祭りです。史書『日本三代実録』によりますと、その貞観地震の巨大さと大津波の被害による詳しい惨状が、京の都にもすぐに届いたそうです。そして朝廷は、日本全体が何か良からぬ怨霊《おんりょう》にたたられていると恐れおののき、地震からわずか一二日後、日本の地方国の数と同じ六六本の鉾《ほこ》を立てて大々的な御霊会《ごりょうえ》を行ったそうです。これがかの祇園祭の始まりだったわけです。

この祇園祭の起源は、三・一一の大震災後に仙台において盛大に開催された「東北六魂祭《ろっこんさい》」にとてもよく似たものだということができるでしょう。つまり、亡くなった人たちの霊を慰め、荒ぶる神を鎮《しず》めるとともに、生き残った者がこれから復興していくために気勢を上げる祭りが、一〇〇〇年の時を隔てて繰り返されているのです。

さらには、最新の防災研究では、岸和田だんじり祭を始めとした日本国内のお祭りも、あるいはネパール等の諸外国のお祭りもまた、震災や防災と深く関わっているということが示されています（京都大学防災研究所岡田憲夫研究室、二〇一一）。

祭りというものは、地域の活力を高め、地域の人々の絆を深めるために、最も重要な社会的イベントです。祭りがあることで、普段はなかなか顔を合わさない人々が、共通の目的を持ち、共同の作業を行い、一緒になってエネルギーを爆発させるのです。つまり祭りは、地域の人々の絆を創出し、それを維持していく上で、またとない機会となっているのです。

そして、そんな祭りが始められる起源に、古今東西、大地震が深く関わっているわけです。

筆者は、この「震災後の祭り」と震災後に立ち現れる「災害ユートピア」とは、深くつながっているのではないかと考えています。

なぜなら、多くの人々が一瞬にして殺《あや》められ、地域社会そのものを根底から破壊する大震災に遭遇した時、わたしたちの社会は、極めて特殊な状況に追い込まれてしまいます。そして、その状況に対する対応として、わたしたちの社会はまず、災害ユートピアを形作り、その空間の中で祭りが始められることとなるのではないかと思います。

あるいは、次のようにいうこともできるのではないでしょうか。災害ユートピアの中で、さまざまに助け合った人々が、平常に戻るタイミングが訪れた時に、「このまま日常に埋没してしまっては、また、同じような被災を繰り返してしまう。そうならないためにも、震災の記憶をとどめ、そして、被災した時すぐに助け合うことができるようにするためにも、日常の中でも、震災後のこうした助け合いを、何らかのかたちで残していかなければならない――」と感ずるのだと。

そんな思いが、石碑になったり、祭りになったりするのでしょう。

いわば、震災直後に形作られた災害ユートピアが、復旧・復興した後の日常空間の中でも保存され続けていくものが祭りなのでしょう。つまり、人を思いやる気持ちが最大化する災害ユートピアの空間の中で、人々は、未来の人々に対する思いやりを強く抱き、それが祭りという具体的なかたちに姿を変えていくわけです。

いずれにしても、こうした祭りにその典型が見られるように、震災が起これば地域コミュニティの動きが活発になり、人々の絆がより深まっていくこととなります。

これこそ、震災後に、人々のこころがより豊かになっていく社会学的なメカニズムなのです。

絆を大切にする社会とレジリエンス

さらにいいますと、こうした絆を大切にするこころ豊かな社会は、災害に対してとても強靭で、レジリエントな社会でもあります。

なぜなら、平常時においては必ずしも役に立たないかもしれない絆がそこかしこにあれば、まさかの災害時に、さまざまなかたちで助け合うことができるようになるからです。

つまり、絆が普段から培《つちか》われていれば、まさかの時にそれが役に立ち、被害を最小化しつつ、早期の回復を果たすことが可能となるのです。その一方で、普段から何も絆を持たない人や社会は、まさかの時に、協力する人も助け合う人もおらず、ちょっとしたショックによって大きな被害を受け、潰されてしまうような脆弱《ぜいじゃく》さを露呈してしまうこととなります。

つまり、絆ある、こころ豊かな社会というものは、地震などの災害への対策の観点から見れば、絆ある、レジリエントな社会なのです。

これは、いわれてみれば当たり前のことです。

そもそも、絆というものは、人々の心の側面から見れば、豊かな暮らしを導くものであると同時に、災害などへの対策の側面からみれば、強靱《きょうじん》さ、レジリエンスの源でもあるからです。

ライバル同士の会社が提携するメリット

さてここまでは、災害によって、地域社会やコミュニティが、レジリエントで、しかも、こころ豊かな方向に変わっていくであろうことを記述しましたが、同じようなことが、仕事の世界、「ビジネス」の世界でも生ずることとなります。

そうしたビジネス界の変化を牽引《けんいん》する考え方が、本書でも何度か取り上げた「ＢＣＰ」です。

改めて説明しますと、ＢＣＰ（Business Continuty Plan）とは日本語では「事業継続計画」とも呼ばれるもので、いろいろな企業等の法人、あるいは行政なども含めた組織が立てる計画です。

その中身は、「もしも、大きな地震が起こった時に、事業が完全にストップしてしまうようなことを避けて、被害を最小限に食い止めて、そして、できるだけ迅速に平常通りの業務に戻るようにするためには、どうしたらいいのかを考えた計画」です。

すでにご理解いただけた読者も多かろうと思いますが、BCPとは、それぞれの企業や組織等が、「どうすれば、自分たちがレジリエント（強靱）になるのかを取りまとめた計画」ということができるでしょう。なぜなら、この説明は、BCPとは要するに「①致命傷を受けず、②被害を最小化して、③すぐに回復する」というレジリエンスのための三条件を目指そうとするものだからです。

さて、震災を想定したBCPの内容について、考えてみましょう。最も抜本的なBCPの一つが、工場等の複数化です。

たとえば、ある企業が一つの工場しか持っていない場合、そこが地震で破壊されれば、生産はすべてストップしてしまい、その企業は致命傷を受けてしまいます。

その一方で、工場を小規模化するなどして、異なる場所に二つか三つつくっておけば、特定箇所の地震でそれらのうちの一つが破壊されても、その企業は致命傷を受けることはなくなります。

こうした工場等の立地は、もちろん地震発生リスクが少ないところで進められるでしょう。そんな時に、第五章で紹介した富山市をその典型例とする、北陸を始めとした日本海側の諸都市、さらには九州や北海道などが立地候補となるでしょう。

あるいは、同じ業種の複数企業が提携し、もしも一社の工場が破壊されれば、破壊を免れた他企業の工場を双方の企業で活用する、という方法も考えられます。

もともと同一資本系列に属しているようなグループ企業なら、そうした提携はスムーズに進むことでしょう。

ところが、ライバル同士の企業の場合には、そんなにうまく事が進むとは限りません。なぜなら、もし地震が起こって、ライバル企業の工場が破壊されれば、それは壊れなかった工場を持つ企業にとっては好機到来と見なされるからです。

しかし、一寸先は闇。

どちらの工場が被害を受けるかなんて、誰にも分かりません。都合良く、ライバル企業の工場だけが潰れるとは限りません。逆に自分の工場だけが破壊され、致命傷を負ってしまうかもしれないわけです。

そういうことをよくよく考えれば、たとえライバル企業同士でも、まさかの時を考えて、何らかの提携を結んでおくほうが合理的なのです。これはいわば、どんな個人でも法人でも、何らかの保険に加入することが合理的だと考えることと同じです。

そんな保険加入のような発想は、平成・関東大震災や西日本大震災に対する危機感が広く共有されるにしたがって普及していくこととなるでしょう。そしてそれに伴って、いろいろな業種において、ＢＣＰの一環として、ライバル企業同士がさまざまに提携していくことが予測されるわけです。

独占禁止法の罪

そんな企業同士の連携の促進は、その業界全体の空気に大きな影響を及ぼすこととなるでしょう。

そもそも、戦後日本は、効率化と生産性の向上に突き進んできました。そして、企業は生き残りをかけて激しい競争を繰り返してきました。経済競争は、ドライでギスギスした、無機質で冷酷で冷徹なものであると認識されてきました。

そして、長い歴史の中で培われてきた日本的なぬくもりや思いやり、いたわりの精神は、ビジネスの世界では「御法度《ごはっと》」であると認識されてきました。

そんな風潮を後押ししたのが、独占禁止法の運用を任された公正取引委員会でした。

公正取引委員会は、公正な取引をしているかどうかを監視し、違反事業者を処罰する委員会です。そしてライバル企業同士が、いろいろな情報交換をしたり、提携をしたりすることを禁止しています。

もちろん、震災に遭遇したり、あるいはリーマンショックなどの経済的な危機を受けたりすることが一切ないような状況なら、ライバル企業同士が連携する必要などはなく、「公正」取引委員会が夢想するような、完全な競争原理、市場原理を社会にあてはめていくことが「公《おおやけ》に正しい」ことなのかもしれません。

しかし、震災を想像すれば、公正取引委員会が躍起になって実現しようとしている、すべての企業をバラバラに分断して、ギスギスとした無機質なマーケットの中で、互いに激しい競争をさせるような状態を維持し続けることが、必ずしも「公に正しい」こととはいえません。

なぜなら、万一の震災が発生してしまえば、そのマーケットに入っているすべての企業が協力しながら、その難局を克服していくことが求められるからです。

ましてや、グローバル化が進行した今日では、日本国内でのライバル企業同士のいがみ合い、足の引っ張り合いは、日本経済自体の国際競争力の低下を招き、日本企業の共倒れを招きかねないものとなるでしょう。大震災で日本経済が弱った時こそ、諸外国のグローバル企業が、ここぞとばかりに日本企業の切り崩しにやってくるに違いありません。

そうなれば文字通り、日本陣営は総崩れとなってしまいかねないわけですから、やはり、非常時に協力し合えるように、普段から、過剰に競争ばかりするのではなく、一定の提携をきちんと結んでおくのが、グローバル化した今日においては特に必要となっているわけです。

たとえば、国内鉄鋼最大手の新日本製鐵と三位の住友金属工業は、二〇一二年一〇月に合併する検討を始めました。このことは、グローバル化が過度に進行し、地震活動期への突入が決定的となった今日では、国内最大手の製鉄会社ですら、単独では、これからの難局に太刀打ちすることができないことの証左だということもできるでしょう。

いずれにしても、独占禁止法は平時のことしか想定しておらず、地震という有事は想定外とするもの。ですから、あまりに厳密に、過剰に独占禁止法を適用してしまうと、業界全体が、効率的ではあっても極めて脆弱な状態になってしまうことは避けられません。そして、そんな中で、ある日突然大地震が起これば、業界そのものが致命傷を負うこととなってしまうのです。

いわば、地震を始めとしたさまざまな危機が存在する以上は、独占禁止法や公正取引委員会は、日本経済そのものを脆弱化させることで、日本全体を破壊しかねない存在にすらなってしまうのです。

ところが、各企業がＢＣＰを推進し、まさかの大地震を想定するようになれば、過度に競争ばかりしていては共倒れになりかねないことに気づく企業が増えていくこととなります。すると、各業界において企業同士が情報を交換し、連携し、提携していく傾向が増していくわけです。

つまり、公正取引委員会の監視の下、ギスギスした関係にあった企業同士が、ＢＣＰの推進を通して、お互いに協力し合う関係になっていきます。

いうならば、ビジネスの世界でもビジネスの世界なりの絆が、ＢＣＰを通して作り上げられていくこととなります。

そして、このビジネスの世界に張り巡らされた絆の一つ一つが、日本の経済界そのものを、レジリエントな、強靱でしなやかなものに変質させていく結果を招きます。

さらには、そんなさまざまなつながりが、業界内に、かねて日本にあったぬくもりを再び取り戻す契機を与えてくれるのです。

列島強靱化で戻るこころ豊かな日本

以上、本章では、大震災によって日本社会に温かみが戻ってくるのではないか、ということを示唆する議論を、いくつかの社会学の理論を参照しながら論じました。

もちろん、こうした変化のすべてが、今日や明日に生ずるものとは考えがたいのは事実です。しかも、震災直後に生じた災害ユートピアを始めとした震災直後の変化は、徐々に風化していくものでもあります。

しかし、東日本大震災後、多くの日本人が、震災の被災者に対して、できることがあれば何かしなければ、という気持ちを強く持っていることは否定できません。

そして、二〇一一年のFIFA女子サッカー・ワールドカップで優勝したなでしこジャパンの大人気に象徴されるように、大震災によって、日本というまとまりに国民全員がよりいっそう強い意識を向けるようになっていることも事実だと思います。

こうした意識が日本中で共有されている状況下、一〇〇兆円から二〇〇兆円規模の列島強靱化の大規模投資が行われれば、それがただ単に日本列島の大地震に対する強靱性を高め、日本の経済を成長させるだけにとどまらず、そうした国民同士の絆、地域同士の絆を深める影響をもたらすことになっていくでしょう。

たとえば、マクロな視点からいうなら、全国を結ぶ鉄道や道路は、そうした絆を深めることを大いに手助けするものです。すなわち、それらは各地域の交流圏を拡大すると同時に、戦後の国土の中でばらばらに分断されつつあった各地域の一体感を高めることとなります。

たとえば、現在は三時間以上もの時間距離で隔てられ分断されている札幌と函館、広島と松江、大阪と富山、宮崎と大分などの諸都市間は、それぞれ数千億から一兆円強の投資で、すべて一時間から一時間半程度で結ばれ、さまざまな交流が進められていくようになります。

そして、多くの大企業は、海外流出を控え、日本の国内に留まって経済活動を推進する道を選択することとなります。さらに、異なる地域、異なる企業との連携を図りながら、全国各地に分散していくでしょう。

こうして地方都市は豊かになり、ビジネスライクなギスギスした関係が、ビジネスの現場でも地域社会の中でも徐々に後退し、話し合い、助け合いを重視する方向にシフトしていくと考えられます。

なぜなら、第一に、大地震という危機に直面すればするほどに、そうした助け合いが自ずと活性化していくからであり、第二に、日本経済が好景気となれば、日本国内のさまざまな現場で余裕が生まれ、効率性や合理性を偏重した過度にビジネスライクな付き合いを続ける必要がなくなるからです。

こう考えると、日本社会がいま一度、本当の豊かさを手に入れる素地が、東日本大震災をきっかけにできあがりつつある様子が浮かび上がってきます。そして、全国への大規模な公共的投資を中心とした列島強靱化を進めることで、そんな素地の上に、経済的に豊かであるだけでなく、こころ豊かな日本社会ができあがっていく近未来が現実的に考えられる。そんな状況に、わたしたちは今まさに、置かれているといっていいでしょう。

しかし、こころ豊かな社会は、わたしたちが日本の歴史上、初めて手に入れるものなどではないという点は、改めて指摘しておきたいと思います。

それはむしろ、ギスギスした効率化ばかりを追い求めるような、こころ貧しい方向に歪《ゆが》んだ現代の日本社会のひずみが、天災を契機として矯正される、ということに過ぎません。つまり私たちは、二〇〇〇年の歴史の中で培われてきた当たり前の日本社会を「取り戻す」こととなるのです。

言い換えるなら、かの寺田寅彦がいう「災難飢餓」の状態に陥り、歪《いびつ》なる姿に変わってしまった我が日本社会が、天災の存在を目《ま》の当たりにすることで、ようやく正気を取り戻し、真っ当な姿に回帰することとなるのです。

そして、その回帰の先にあるものこそが、こころ豊かな日本なのです。

第七章　列島強靭化がつくる未来

日本を何とかしたいという思いを持つ数多くの人々

東日本大震災の直撃を受けてしまった日本。そして、近い将来に、その被害を上回る大震災の直撃を、東京・大阪・名古屋の三大都市圏を含めた広い地域に受けてしまうであろう我が国――これから、この国がいったいどうなっていくのかについて、本書では、さまざまな視点から考えてみました。

みなが漠然と認識しているように、さらに少子高齢化が進み、日本経済そのものの活力が低迷し続けていく中で、追い打ちをかけるようにして、二〇年以内、早ければ一〇年以内に大震災の連発に見舞われ、我が国は致命的な打撃を受けてしまうかもしれません。そしてその結果、日本はついに、経済大国と呼ばれた国からアジアの小貧国にまで凋落《ちょうらく》してしまうかもしれません。

さらには、首都東京を襲う平成・関東大震災によって、国会議事堂や首相官邸が壊滅し、政府機能を喪失してしまったり、最悪の場合には、皇居の倒壊によって日本国そのものが終焉《しゅうえん》してしまうことも考えに入れなくてはならないでしょう。

つまり、近い将来に日本の命運が尽き、我が国が滅び去ってしまうような事態が十分に想定される状況に、わたしたちは今、立たされているわけです。

しかし、そこまで想像できた人間のこころの中には、確実に、何とかしたいという思いが芽生えるはずです。

少なくとも、筆者のこころの中には、そんな思いがあります。同じように、筆者の周りの人たちの中には、そんな思いを持った方がたくさんいます。

たとえば、大学のゼミや授業で日本の危機的な状況を話すたびに、そんな思いを持つに至る学生が数多くいることを、筆者はいつも感じています。普段の仕事の中で出会う人々のこころの中にも、確かに、そんな思いが一杯に詰まっている様子が手に取るように分かります。

筆者は日本中の街に講演に行くのですが、それぞれの講演会の聴衆の皆さんのこころの中にも、日本を何とかしたいという思いが詰まっていることを、ひしひしと感ずることがあります。

雑誌や新聞、著書、テレビ、ラジオ、あるいは、インターネット等を通して、日本の危機的な状況を伝えることもしばしばですが、読者の方々、視聴者の方々から、直接間接に、たくさんのメッセージやコメントをいただきます。それらに目を通すたびに、数多くの読者、視聴者のこころの中に、日本を何とかしたいという思いが確かにあることを、日々感じ続けています。

政界にあふれる確かな救国の思い

そして何よりも、政治に直接携わる方々の中に、日本を何とかしたいという強い思いを携えながら、日々仕事をしている人がたくさんいることを、ここ最近、筆者は強烈に感じるようになりました。

筆者は、「コンクリートから人へ」というスローガンに象徴される風潮の中で軽んじられるようになった、大震災に対する備えを始めとした公共事業の必要性を訴えた『公共事業が日本を救う』という書籍を、二〇一〇年一〇月に出版しました。それまでは、まったくといっていいほど、いわゆる政治家と呼ばれる方々、いわんや政党とのお付き合いはありませんでした。いうまでもありませんが、大学や学会で、研究や教育を粛々《しゆくしゆく》としていくことが筆者の仕事なのですから、政治や政局、ましてや政党や国会といった存在は、すべて縁遠いものだったわけです。

ところが、『公共事業が日本を救う』の出版以後、政治家の方々に、筆者の考えや思いを説明する機会が瞬《また》く間に増えることとなりました。

たとえば、国会議員の方々に筆者がこうあるべきと思う政策方針を直接ご説明したり、いろいろな政党の政務調査会や勉強会で講演をしたり、政党の機関誌で連載記事をいただくことが多くなりました。

そんな中で起こってしまったのが、東日本大震災でした。

『公共事業が日本を救う』というタイトルの書籍を出版するということは、大仰《おおぎょう》にいえば、日本を救うことを企図した言論活動を始めたということでもあります。そんな言論活動が、大震災以降、「東日本復活五年計画」の策定につながり、そして、「列島強靱化《きょうじんか》一〇年計画」の策定につながりました。

それらはもちろん、京都大学内の一研究機関が策定するものではありましたが、その内容について、本書で紹介した二度の国会での公述を始め、政党の政務調査会や政治家の政策勉強会で、幾度となくお話しすることとなりました。

——筆者は、二〇一〇年一〇月から一年足らずの、こういった流れを振り返るにつけ、強烈に感ずることがあります。

それは、政界の中には確かに、日本を救いたいという熱い思いが強固に存在しているのだ、ということです。

もちろん、国政に直接携わっている政治家が、救国の精神、さらにいうなら、日本という国の中にある良きものを保ち守り抜かんとする保守の精神を持っているのは、当たり前といえば当たり前のことだといえるのかもしれません。

しかし、メディアを通して描き出される政治家の姿は、自らの政治的勢力の拡大のみに関心を向ける、政治屋のイメージではないでしょうか。

確かに、そういう姑息《こそく》な政治屋が実際にはいるのかもしれませんし、救国や保守の精神を微塵《みじん》も持ち合わせない、単に大衆の人気取りだけに腐心する人々が大勢を占める政党もあるのかもしれません。さらには、場合によっては、救国どころか、たとえば改革や革命というような美名でもって、壊国を意図的に志す輩《やから》が政界の中に潜んでいることも否定しがたいのかもしれません。

しかし、この一年足らずの経験を通して、多くの議員の方々は確かに、救国の精神、保守の精神を携え、日本を救うために、なすべきあらゆることをなすのだと志していることを、筆者は垣間《かいま》見ました。

言い換えるなら、一般の人々のこころの中にあるものよりもはるかに大きな救国の精神を携える政治家の存在、あるいは、救国の精神を持つ人々の割合が、政界においては、一般の世界とは比べものにならないくらいに高いことを、筆者は強く感じたのです。

もしもそうでなければ、筆者のような一介の学者風情《ふぜい》が、日本を救うための言論活動を始めた途端に、数多くの議員に提言する機会がこれほどまでに増えるようなことは、考えがたいのではないでしょうか——。

筆者があえてこういうことをいうのは、多くの国民は、メディアで報道されている、ある種偏向した政治屋像に毎日触れているうちに、現実とは似ても似つかないイメージを勝手に構築してしまい、筆者が申し上げるような実態をご存じないのではないかと感じたからです。だから、たとえば筆者が本書でお話ししたような内容を知ったとしても、多くの国民は、次のように思うのではないでしょうか。

「確かに、国を救うための『列島強靱化』を行えば、被災地も復興でき、日本中が強靱化して、巨大地震が起こっても何とかなるのかもしれない。でも、今の政治家じゃ信用できないから、きっとそんなふうに日本が強靱化していくなんてことは無理なんじゃないか――」

しかし、現今の情けない政局のことはさておくとしても、広い政界の中には救国を志す熱い情熱が、確かに存在しているのは事実なのです。

筆者は一人でも多くの読者に、政界の中には間違いなく救国の思いが温存されているという、そんな実態を知っていただきたいと感じています。

あらゆる領域で台頭する新しい世代

とはいえ、救国を志す熱い思いが政界の中に存在していたとしても、国民がそれを支持しない限りは、そんな思いは早晩、萎《しぼ》んでいき、冷めていくことは間違いありません。

なぜなら、選挙民に救国を希求する思いが微塵《みじん》もなければ、救国を志す政治家は選挙のたびに落選していくからです。そしてその結果、大衆の人気取りに腐心する政治屋が国政の中心で跋扈《ばっこ》するようになっていくでしょう。

しかし、そんな空気は、これから確実に変わっていくのではないかと、筆者は予感しています。

なぜなら第一に、三・一一の大震災以降、我が国には信じられないような巨大な天災が降りかかることがあるのだということに、多くの日本国民が気づいたからです。

言い換えるなら、日本を不幸のどん底にまでおとしめる、かの戦後日本の平和ぼけが、この大震災によって、そして、これから連発するであろう首都圏と西日本の大震災を予想すること(あるいは最悪の場合、実際にそれらに直撃されること)によって、ようやく終焉することとなるからです。

そして第二に、過去二〇年近くにもわたる長いデフレ不況に苛《さいな》まれつづけた結果、平和ぼけから完全に覚醒した世代が、日本の国のあらゆる領域で台頭しつつあるからです。いうなれば、デフレ不況と大震災という二つの危機によって、今、日本の世論は、戦後初めて平和ぼけから覚醒し始めたわけです。

このあたりの時代的な流れは、本書の第二章でも詳しく論じましたが、この時代の変化が、終戦から七〇年近くもの年月を経て、ようやく戦後という時代を終わらせ、日本を新しい時代に導いていく原動力となるのです。

そして、そうした時代の変化の中で、多くの国民は、世界は危機に満ちているのだということ、それゆえに日本はいつ亡んでも不思議ではないのだということを、漠然とではあるとしても、陰に陽に理解していきつつあるわけです。

だからこそ、これから多くの国民は、「救国」の重要さに気づいていくに違いありません。そうであるなら、先に述べた「政界の中にある救国の思い」は、消えていくどころかむしろ、より熱いもの、より大きなものへと膨らんでいくこととなるでしょう。

ここに、一〇〇兆円から二〇〇兆円程度の大きな予算を投入して、日本列島そのものが、そして日本社会そのものが、本当に強靱化されていく現実的な見込みを見いだすことができるのです。

列島強靱化で生じる国土の質的向上とは何か

政界も含めた日本社会全体の大きな流れの中で、本当に日本が強靱化していくと、わたしたちの日本はどんな国になっていくのか——本書はそれを、国土や経済や都市、そして「日本人のこころ」といったさまざまな視点から描写してきました。

まず、列島強靱化によるさまざまな投資によって、巨大地震の発生が予測されている首都圏と西日本の各地域・各都市の、耐震性と津波対策は強化されます。

それと同時に、これまで大きな公共投資がなされずに放置され続け、ばらばらに分断されてきた、九州東部、四国、山陰、北陸、北海道といった諸地域が、高速鉄道や道路を中心とした「みち」で結ばれることになります。これにより、それぞれの地域に大きな交流圏が形成されると同時に、日本全国の一体感が飛躍的に増進します。

そしてそれを通して、大震災の直撃が予測される三大都市圏を始めとした太平洋ベルト地帯の諸都市に過度に集中した都市の機能が、九州、四国、日本海側、北海道へと分散化していくこととなります。

さらには、地方部の各都市には、すでに富山で始められているような、人と環境に優しいタイプの公共交通を中心とした街づくりが進められ、モータリゼーションの中で郊外化してしまった都市が再び、中心部をめがけて集約化していきます。こうした都市への投資は、国土構造の分散化をさらに促します。

こうして分散型の国土が形作られ、日本列島そのものが、巨大震災に対するレジリエンスを飛躍的に向上させることとなります。

その一方で、日本の中心的都市である三大都市圏は、既存の東海道新幹線を破壊してしまう東海地震の影響を受けないリニア中央新幹線によって、約一時間で結ばれるようになります。そしてそれによって、三大都市圏は、大地震にも分断されないという意味で強靭化されます。と同時に、平時において片道一時間で行き来が可能となるという意味で、一体化と効率化が果たされるわけです。

こうして、三大都市圏は、激烈化するグローバルな都市間競争における競争力を大きく増進させていきます。

さらに三大都市圏の活性化は、企業の海外流出に歯止めをかける重要な切り札となるでしょう。国内に留まった企業は、その本社機能を三大都市圏内に設置しつつも、ＢＣＰの観点から、工場などを地方部に展開することを通して、地方都市の活性化に寄与することも考えられます。

こうした動きと同時に、首都圏の大震災への備えとして、副首都の整備が進められることが適当でしょう。

現時点では、それがどこに設置されるかは不透明ですが、首都機能は、日本中どこからでもアクセスしやすい場所に設置されることが重要です。この点を踏まえると、やはり、三大都市圏内につくるという構想が最も有力だと思います。

このように国土構造の分散化によって縮小化していく三大都市圏もまた、強靱化と効率化が同時に果たされていくこととなります。

こうして、日本中が、地震対策のための列島強靱化を通して、国土の質を、強靱性の点からも、経済的な合理性の点からも、そして暮らしやすさの点からも、飛躍的に向上させていくのです。

列島強靱化で社会保障問題も解決

一方で、そうした強靱化を図るため、政府は、一九九〇年代の実際の公共投資水準（年間一五兆円）とほぼ同程度の水準の投資（年間一〇兆〜二〇兆円程度）を一〇年程度、進めていきます。そして、累計一〇〇兆〜二〇〇兆円程度の公共投資と、それと並行して行われる適切な金融政策によって、日本経済はようやくデフレから脱却していきます。

その結果、この二〇年近くも停滞してきた我が国のＧＤＰが、ようやく成長し始めます。

そしてさらに、そんな経済成長を、強靱化によって全国につくられた新しい道路や鉄道、そして都市の中につくられた新しい公共交通が、力強く支えていくこととなります。

こうして日本のＧＤＰは六〇〇兆円程度、あるいは場合によっては、平成の所得倍増ともいえる水準に近い九〇〇兆円規模にまで拡大します。

それだけの経済成長を果たすということは、国内でおカネが景気よく循環する、ということです。みんながたくさんのおカネを稼ぎ、たくさんおカネを使う、ということです。ですからそうなれば、今、日本社会に暗い影を投げかけている高い失業率の問題も、ワーキングプアや格差社会の問題も解消されていくこととなります。

一方で、それだけたくさんの消費をすれば消費税収も増えますし、所得が増えれば所得税収が増え、法人が儲ければ儲けるほどに法人税収も増えていきます。つまり、ＧＤＰが増えれば税収も飛躍的に増えていきます。それはもちろん、今、多くの国民が不安に感じている政府の負債の問題を緩和し、財政再建をもたらします。

さらには、それだけ景気が良ければ、少々増税しても景気が低迷していくようなことはありません。むしろ、景気の過熱を抑えるために増税が求められることともなるでしょう。こうして景気さえ回復すれば、来るべき超高齢化社会のために、無理なく増税を果たしていくことも容易になっていくわけです。

そして最後にもう一つ付け加えるなら、そこまで景気が回復すると、人口学の定説によれば、人口減少にも歯止めがかかることとなります。

――つまり、経済的にいえば、大規模な財政出動政策である列島強靭化は、適切な金融政策と並行して実施することで日本の経済を成長させます。そしてそれを通して、失業率の低下、国民所得の増進、格差社会の是正が実現し、政府の財政問題、少子高齢化の問題、そして社会保障の問題のすべてが大幅に緩和、解消していくのです。

日本の「幸福度」はギリシャより下？

つまり、列島強靭化は、日本人に安全や安心を提供するだけでなく、日本人を豊かにするものでもあるのです。

もちろん、豊かといっても、なかなかピンとこないかもしれません。

しかし最近の社会科学では、そんな豊かさをできるだけ客観的に計っていこうとする取り組みが進められています。本書を終えるにあたって、そんなデータを一つ、紹介したいと思います。

二四一ページの図表18は、オランダのエラスムス大学のルート・ベンホーベン名誉教授が継続的に進めている「幸福度」の研究成果を抜粋したものです。ベンホーベン名誉教授は、

「すべてを考慮した上で、あなたの最近の暮らしに、どれくらい満足していますか？」という質問に、世界各国の人々にポイントをつけてもらうという、たいへんシンプルな調査を長年続けています（このデータの詳細は、インターネットで公表されています）。

図表18は、そんなデータの中でも、とりわけ日本と類似しているだろうと考えられる旧西側先進諸国の、国別の幸福度の平均値をランキングで示したものです（二〇〇〇〜二〇〇九年）。

ご覧のように、このランキングでいえば、「幸せな国」とは、デンマーク、アイスランド、スイス、ノルウェイ、フィンランドといった欧州諸国です。これらの国々の人の多くが、主観的に幸せだと感じており、自分は不幸だと感じている人は比較的少ないのです。

その一方で、ギリシャは最も幸福度が低い国、つまり「不幸せな国」となっています。すなわち、ギリシャ人には幸せだと感じている人が比較的少なく、不幸だと感じている人が多いということです。

そして、ギリシャに次いで二番目に不幸せな国は、なんと、日本なのです。つまり、日本人はギリシャを除くすべての西側先進諸国の中で、幸せだと感じている人が最も少なく、不幸だと感じている人が最も多い——。

このデータは、過去一〇年の平均値なのですが、最新のデータを見てみると（二四二ページ図表19参照）、日本の幸福度は五・八、なんと、〇・七ポイントも低下してしまっています。

五・八といえば、イラン、ヨルダン、フィリピン、スロベキア、シリア、チュニジア、南アフリカ、エジプト、ジブチ、モンゴル、ニカラグア、ルーマニアといった国と同水準です（これらの国々のポイントは、五・七～五・九です）。

つまり、少なくとも我が国は、幸せ度の点からいえば、すでに、先進国なんて口が裂けてもいえないようなところにまで凋落してしまっているのです。

しかし、ここまで日本の幸せ度が凋落してしまったのはデフレのためであることが、筆者の研究室の分析から示されています。

二四二ページの図表19をご覧ください。

このグラフは、この「幸福度」調査における各年次の平均値の推移を示しています。特に、デフレ不況が決定的になった一九九七年以降のデータを示しています。アンケート調査のサンプル平均ですから年によって変動があるようですが、全体の傾向として、徐々に低下していることが見て取れます。

このグラフには、これにあわせて、平均世帯年収（一世帯あたりの年収の平均値）の推移も記載してあります。ご覧のように、一九九八年当時は、六五八万円もあった平均所得が、

図表18　旧西側先進諸国の幸福度ランキング（2000～2009年平均）

ランク	国名	幸福度
1位	デンマーク	8.3
2位	アイスランド	8.2
3位	スイス	8.0
4位	ノルウェイ	7.9
5位	フィンランド	7.9
6位	カナダ	7.8
7位	スウェーデン	7.8
8位	ルクセンブルク	7.7
9位	オーストラリア	7.7
10位	アイルランド	7.6
11位	オーストリア	7.6
12位	オランダ	7.6
13位	ニュージーランド	7.5
14位	アメリカ	7.4
15位	ベルギー	7.3
16位	スペイン	7.2
17位	イギリス	7.1
18位	ドイツ	7.1
19位	イタリア	6.7
20位	フランス	6.6
21位	日本	6.5
22位	ギリシャ	6.4

図表19　日本国民の「幸福度」と「平均世帯年収」

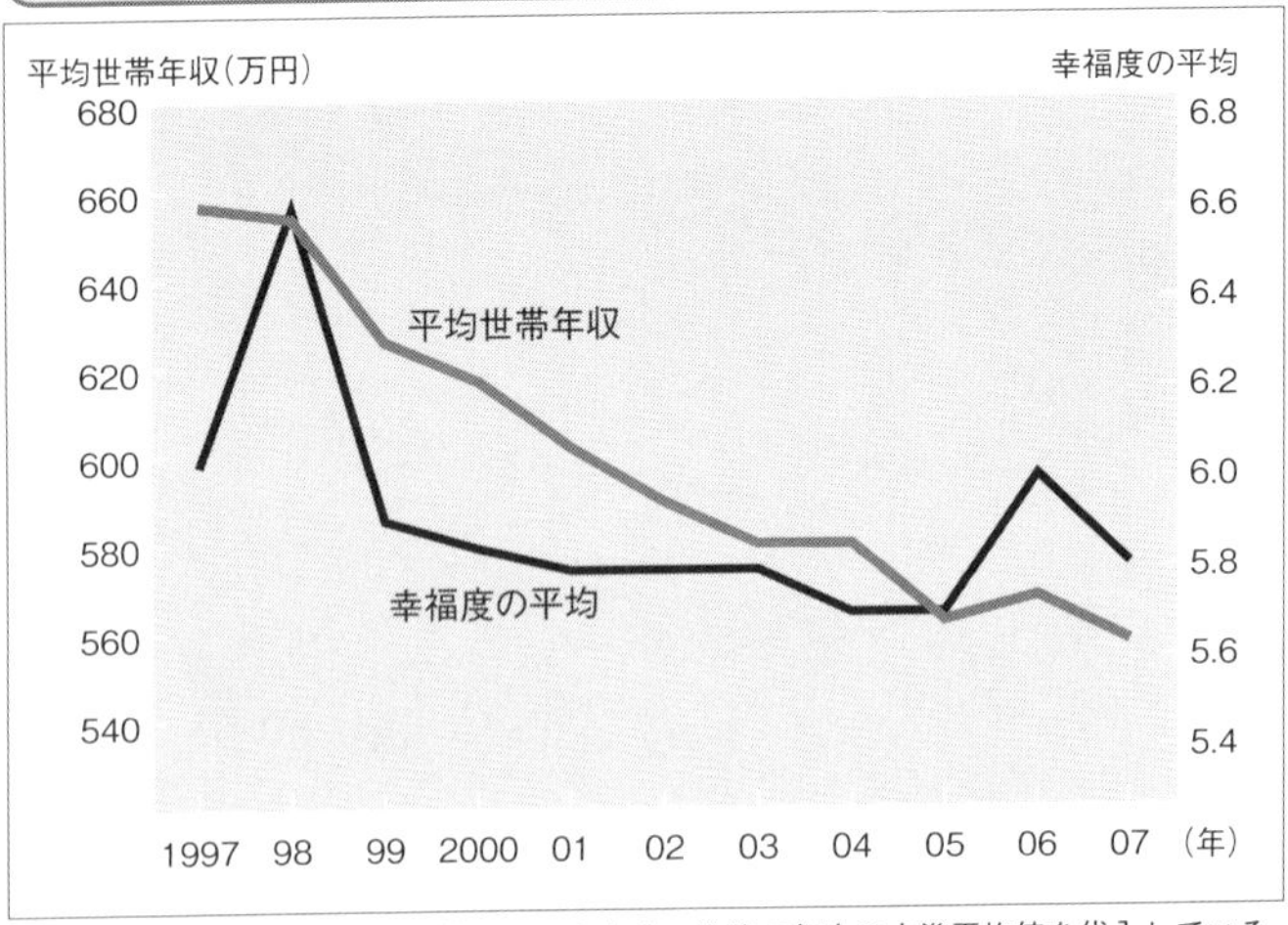

注）2000年の幸福度は欠損値であったため、前後の年次の水準平均値を代入している。

二〇〇七年には一〇〇万円以上（！）も低い、五五六万円にまで凋落しています。

この両者の関係を、回帰分析という方法で統計的に調べてみたところ、「幸福度の低下」の六六％が「所得の低下」によって説明できるという結果が示されました。そして、一〇〇万円の所得の低下は、〇・五ポイントの幸福度の低下につながっているという結果も示されました。

その結果、今や日本は、経済の破綻が取り沙汰されるほどに混乱している、あのギリシャよりも「不幸せな国」にまで凋落してしまったのです。

一方で、列島強靱化によって、先に述べたような景気回復が果たされ、経済成長が進み、日本のGDPが六〇〇兆円から九〇〇兆円程度にまで拡大すれば、日本人の平均所得も大きく回復し、拡大していくこととなります。たとえば、日本人の所得が現在よりも三〇〇万円ほど増えたとすれば（平均世帯年収が八五〇万円）、先の分析結果を単純にあてはめれば、一・五ポイント（＝〇・五×三）、幸福度が増進することになります。

すると、幸福度は七・三ポイント程度になります。

改めて図表18（二四一ページ）をご覧ください。

七・三ポイント前後といえば、ベルギー、アメリカ、スペインといった国々の幸福度の水準です。

つまり、列島強靱化によってデフレから脱却し、経済が成長していくことで、先進国として人並み程度の「幸せな国」になることができると期待されるわけです。

世界で三番目に幸せな国に

もちろん、人間の幸福は、おカネだけで計れるものではありません。

ここで紹介したデータは、おカネのことだけを考えても、近年のデフレによって、確実に日本人は不幸せになりつつあったこと、だからデフレ脱却を通した経済成長によって、日本人は少なくとも一定程度は幸せを取り戻すことができるであろうことを示したに過ぎません。

しかし、本書で論じたのは、そんなおカネでは計れないこころの豊かさを、列島強靱化はもたらすのではないか、ということでした。

そもそも、日本はこれまで、戦後の平和ぼけの中で利益につながらないようなものをすべて無駄といって切り捨て、仕分けし続けてきました。その結果、我が国は合理的で効率的にはなりましたが、何とも味気ない、こころ貧しい国になってしまったわけです。

ところが、我が国が列島強靱化を推進するなら、効率性の過剰な偏重に歯止めがかけられ、まさかの有事も見据えた強靱性を備えられるようになり、わたしたちの社会を根底から変革していくこととなります。

列島強靱化の過程の中で、シャッター街に象徴されるような閉塞した地方都市では、公共の投資が進められる都心部を中心として、豊かなつながりのあるコミュニティが再生されていくのです。

満員電車の通勤地獄に苛まれ続けた大都会の人々の中には、国土構造の分散化の流れの中で勤務先が地方部に転出し、より暮らしやすい地方都市に転居することになり、その結果、豊かな暮らしを手に入れる人もいるでしょう。

一方で、国土の分散化に伴い、都市の過密は緩和され、大都会の居住者もまた暮らしの豊かさが改善されていくことでしょう。

ビジネスの世界でも、ＢＣＰの進展と共に、過剰あるいは過激な競争に歯止めがかけられ、まさかの有事を想定しながら、平時における連携や提携、あるいは助け合いが始められる方向に変化していくこととなります。

その結果、リストラや倒産、弱肉強食の企業買収劇は、景気の回復とも相まって、産業経済界の中から少しずつ姿を消していくと考えられます。

そんな中で、いわゆるワークシェアリング、すなわち、さまざまな個人や法人が限られた仕事を分け合い、みなで共存共栄を目指していくやり方が成立していくことになるでしょう。

こういうワークシェアリングや共存共栄の流れは、結局は、一人あたりの労働時間の縮減をもたらすことになります。ここでもまた経済的な成長は、一人一人が過剰に労働時間を増やす必要性を低下させ、結果的に労働時間を減少させていくこととなるでしょう。

こうして日本人はようやく、一定の所得を得ながらも労働時間を減らしていくことに成功します。そうなればわたしたちは、戦後初めて、ゆったりとした余暇を楽しむことができるようになるかもしれません。

いうなれば、戦後日本人がセカセカと働き続けたのは、焼け野原から必死になって立ち上

図表20　列島強靱化を果たした時に実現し得る日本の幸福度ランキング

ランク	国名	幸福度
1位	デンマーク	8.3
2位	アイスランド	8.2
3位	日本	8.0
4位	スイス	8.0
5位	ノルウェイ	7.9
6位	フィンランド	7.9
7位	カナダ	7.8
8位	スウェーデン	7.8
9位	ルクセンブルク	7.7
10位	オーストラリア	7.7

がるために、過剰な競争社会をつくりあげてきたからであり、それが今や、供給過剰のデフレを生み出す元凶の一つともなっているわけです。ところが、日本中が強靱なしなやかさ、すなわちレジリエンスを手に入れる方向に動き出した途端に、過剰な競争社会が緩和され、適度な競争社会が実現することとなります。

それと同時に、地域社会でもビジネスの世界でも、あらゆる局面でさまざまなつながりが、すなわち絆《きずな》が形作られたり、強められたりしていき、それによってようやく、ゆったりとした豊かな社会が実現していくのです。

そんな方向への社会の変化が、どの程度わたしたちの幸福度を高めてくれるのか、どれだけ統計的なモデルを駆使したとしても、予想できるものではありません。

ですが、仮にそれが、ここ一〇年間に我々日本人が失った〇・七ポイントという幸福度と同程度であると考えるなら、先ほど述べた、列島強靱化による世帯平均年収の三〇〇万円の増加に伴う一・五ポイントの幸福度の上昇を加えれば、日本人の近い将来の幸福度は八・〇ポイント程度になるということも、決してあり得ない話ではないのです。

八・〇ポイントといえば、デンマーク、アイスランドに次いで、西側先進国中、第三位の幸せな国になる、ということを意味しています（図表20参照）。

救国と亡国の分岐点は今

——以上が、筆者が構想する列島強靱化を果たした時に、我々日本人が手に入れるはずの、国の姿です。

列島強靱化によって、さまざまな災害に対して強靱であるばかりでなく、日本中の都市が今よりも豊かで賑わいある都市に再生され、三大都市圏の都市機能もさらに高度化されて国際競争力をつけるとともに、日本経済はさらに力強く成長していきます。

財政危機も、少子高齢化の問題も、失業率の問題も、格差社会の問題もすべて、現状よりも大きく改善され、そして最終的に、日本人が今よりももっと絆を大切にする、今よりもよりこころ温まる、より豊かで幸せな暮らしを手に入れるようになる——これが、筆者が構想する、列島強靱化を果たし、救国のレジリエンスを手に入れた日本の近未来です。

そして、ある日突然、すべての日本人が覚悟していた巨大地震が首都圏に襲いかかってきます。

さらには、それから数年後には、東海から西日本の街々にも、凄《すさ》まじい巨大地震と大津波が襲来することとなります。

残念ながら、それぞれの震災Xデーには、数万人規模の尊い命が失われてしまうことは、これからどれだけの対策を果たそうとも、避けられないことでしょう。その時の経済損失も、一〇〇兆円規模から数百兆円規模にまで膨らんでしまうことも、避けられないことであろうと思われます。

しかし、その震災Xデーを見据えて、列島強靱化を果たした近未来のわたしたち日本国民は、その哀しみと苦しみを、必ずや乗り越えることができるに違いありません。そしてわたしたちは、そんな震災をも乗り越えることを通して、災害に苛まれ続け、鍛えられ続けてきた日本列島の民族として、さらに大きく成長していくことでしょう——。

さまざまなデータや学術的知見を交えながら本書で何度も繰り返したように、救国のレジリエンスによってもたらされる明るい未来は、確かに、わたしたちのすぐ手の届くところにまできているのです。

そうである以上、まずは一人でも多くの日本人が、現実化することが間違いなく可能な、そんな明るい未来の存在に気づいていくことが、何よりも大切なことだと思います。

そしてその上で、そんな明るい未来を確かに手に入れるために、これから何をすべきなのか、一人一人しっかりとお考えいただきたいと思います。

遅くとも二〇一三年、早ければ二〇一二年には訪れる政権選択の瞬間に、間違いなく、日本の命運はかかっています。日本国民が、明るい未来につながる列島強靱化を果たす政権を誕生せしめることができるか否か、その一点こそが、救国と亡国の分岐点となっているのです。

少なくとも筆者は、列島強靱化の実現につながり得るあらゆる研究、教育、言論活動を続けていきたいと思います。

読者の皆さんもそんな明るい未来の実現に向けて、それぞれの立場でできることに、できる範囲で、少しずつ取り組んでいただきたい。そうすれば、それは間違いなく、本書で描写した明るい未来をわたしたちが手にしていくことを、より確実なものにします。

——そうして日本人がみな一緒になってつくりあげていく、日本の明るい未来の到来をこころから祈念しつつ、「救国のレジリエンス」についてお話ししてきた本書を、ここで終えたいと思います。

あとがき――世界の国々が絶対にまねできない素晴らしい未来

高度成長期生まれの筆者の世代からしてみれば、「二一世紀」といえば、技術は高度に進歩し、貧困や格差といったいろいろな問題が概《おおむ》ね解決された何やら明るく楽しい未来でした。「ドラえもん」は二一世紀からやってきたロボットだったし、一九八〇年代のハリウッド映画「バック・トゥ・ザ・フューチャー3」に描かれた二一世紀初頭の世界もまた、そんな明るい未来でした。

しかし、現実に二一世紀になった今、それは単なる「妄想」にしか過ぎなかったということは、誰もが理解していると思います。携帯やゲーム等の新しい技術は確かに普及した。しかし、だからといって幸せになったと実感している人なんてほとんどいない。現実の二一世紀の日本社会は格差が広がり、失業率は高まり、さまざまなコミュニティや絆がそこかしこで失われつつある、何とも暗い時代だったのです。

そして、それは日本だけなのではなかった。世界中の国々もまたそういう暗い時代に突入してしまったのです。

リーマンショックに代表される経済危機が幾度も各国を襲い、アメリカもEUも失業率は一〇％という凄《すさ》まじい水準にまで達しています。世界経済の牽引役が期待されていた中国も、いつバブルがはじけてもおかしくない状況に陥っています。そして世界は、リーマンショックと同様かそれ以上の世界恐慌がいつ再発しても不思議でない様相を呈しています。

しかしこんな凄まじい世界経済の混乱期にあるにもかかわらず、日本は今、それが一切、目に入っていないかのように、愚かにも、過激な自由貿易協定を経済混乱の渦中にある国々と締結しようと躍起になっています。

おそらくは、彼等は二〇世紀に多くの人々が「二一世紀には何かきっといいことがいっぱいあるんだ」とおめでたく楽観していたように、「外国と仲良くすると何かきっといいことがいっぱいあるんだ」とでも、おめでたく楽観しているのでしょう。

しかし実際には、デフレ不況にあえぐアメリカを中心とした国々と、経済協定をどれだけ過激に推進したところで、日本にとっていいことなんてあるはずがありません。たとえば万一、民主党政権のままで日本がTPP交渉からの離脱に失敗してしまえば、日本は圧倒的な政治力と交渉力を持つアメリカのいいようにあしらわれ、取り返しのつかない状況に陥ってしまうことは間違いないでしょう（筆者は自らの職を賭して断言できるほどに、このことを確信しています)。

それは「地震なんて来ないだろう」とタカをくくって何の対策もしていない間に巨大地震に襲われるようなもの。どうせ攻めてこないだろうと、何の防御もしていない間に一気に経済的に侵略されれば、なす術《すべ》もなく富や主権を奪われてしまうのです。

つまり、今日の日本が「脆弱《ぜいじゃく》な国」であるとするなら、その根底にあるのはすべて、「そんなに心配しなくたって大丈夫だろう」という、馬鹿馬鹿しいほどに妄想的、病理的な楽観論だったのです。

そんな楽観論に基づくおめでたい態度こそが、本書で何度も指摘した「平和ぼけ」の正体。そしてそんな「不道徳」極《きわ》まりない平和ぼけに支配されているのが「戦後日本」なのであり、それこそが我が国日本を根底から蝕《むしば》み、脆弱な国家へと凋落させ続けた元凶なのです。

本書を一言で説明するなら、そんな「平和ぼけ」から日本国民が覚醒できるなら、それを通して世界中の国々には絶対にまねできないような素晴らしい未来を手にすることができる――この一点を客観的証拠を紹介しながら描写しようとするものでした。

はたしてそんな近未来を私たちが手にできるのか――その第一歩は、何度も繰り返すように、不道徳極《きわ》まりない「平和ぼけ」からの覚醒なのであり、その上で、すべての日本国民の思いや願いに応え、日本列島の本当の強靱化を果たし得る真っ当な政権を、わたしたち日本国民の手で誕生させることなのです。本書がそんな明るい未来に向けた国民的取り組みにわずかなりとも貢献し得るとするなら、それは著者として至上の喜びです――。

本書の取りまとめにあたっては、企画の段階から講談社の間渕隆氏に大いに御世話いただきました。具体的な国土交通計画の検討にあたっては筆者の大学時代からの友人である波床正敏大阪産業大学教授、また本書タイトルでもある「レジリエンス」については経済産業省および経済産業研究所の経済レジリエンス研究会、京都大学レジリエンス研究ユニット、ならびに自由民主党政務調査会国土強靱化総合調査部会を始めとした皆様との議論がたいへんに貴重なものとなりました。

こうした方々、ならびに筆者を支えてくれる我が家族を含めた皆様がおられたからこそ本書の取りまとめが叶いました。ここに附記し、心からの深謝を表したいと思います。

二〇一二年二月

藤井《ふじい》　聡《さとし》

(※なお筆者は本書の印税を放棄し、講談社を通して震災復興のために役立てていただくことで合意した。)

著者略歴

藤井聡（ふじい・さとし）
一九六八年、奈良県に生まれる。京都大学大学院工学研究科教授。専門は、公共政策論、国土計画論、土木工学。一九九一年、京都大学工学部土木工学科卒業。一九九三年、京都大学大学院工学研究科修士課程土木工学専攻修了後、京都大学工学部助手。一九九八年、京都大学博士（工学）取得。スウェーデン・イエテボリ大学心理学科客員研究員、京都大学大学院助教授、東京工業大学大学院教授などを歴任。
著書には、ベストセラーになった『公共事業が日本を救う』『列島強靱化論　日本復活5カ年計画』（以上、文春新書）などがある。

救国《きゅうこく》のレジリエンス
「列島強靱化《れっとうきょうじんか》」でGDP900兆円《ちょうえん》の日本《にっぽん》が生《う》まれる

二〇一二年二月二〇日　第一刷発行

著者――藤井《ふじい》　聡《さとし》
カバーイラスト――丸子博史
装幀――守先　正

発行者――鈴木　哲　**発行所**――株式会社講談社
東京都文京区音羽二丁目一二―二一　郵便番号一一二―八〇〇一
電話　編集〇三―五三九五―三五二二　販売〇三―五三九五―三六二二　業務〇三―五三九五―三六一五
本文組版――朝日メディアインターナショナル株式会社
印刷所――慶昌堂印刷株式会社　**製本所**――黒柳製本株式会社
落丁本・乱丁本は購入書店名を明記のうえ、小社業務部あてにお送りください。送料小社負担にてお取り替えします。
なお、この本の内容についてのお問い合わせは、生活文化第三出版部あてにお願いいたします。
ISBN978-4-06-217502-9
定価はカバーに表示してあります。